档案信息化管理与建设研究

林燕萍 著

吉林摄影出版社
·长春·

图书在版编目（CIP）数据

档案信息化管理与建设研究 / 林燕萍著. -- 长春：吉林摄影出版社，2023.12

ISBN 978-7-5498-6104-0

Ⅰ.①档… Ⅱ.①林… Ⅲ.①档案管理－信息化建设－研究 Ⅳ.①G270.7

中国国家版本馆CIP数据核字(2023)第256279号

档案信息化管理与建设研究
DANG'AN XINXIHUA GUANLI YU JIANSHE YANJIU

作　　者	林燕萍
出 版 人	车　强
责任编辑	李　彬　樊　华
封面设计	文　亮
开　　本	787毫米×1092毫米　1/16
字　　数	240千字
印　　张	10.75
版　　次	2023年12月第1版
印　　次	2023年12月第1次印刷

出　　版	吉林摄影出版社
发　　行	吉林摄影出版社
地　　址	长春市净月高新技术开发区福祉大路5788号
	邮编：130118
网　　址	www.jlsycbs.net
电　　话	总编办：0431-81629821
	发行科：0431-81629829
印　　刷	河北创联印刷有限公司

书　　号	ISBN 978-7-5498-6104-0	定　价：76.00元

版权所有　　侵权必究

前　言

档案记录着人们在各种社会活动中的重要信息，是非常重要的信息资源。长期以来档案信息主要记录在纸质材料上，但纸质材料不易保存，存在很大的损毁风险，且查询不便，利用起来效果不佳。随着社会的高速发展，档案信息化的管理与建设也越发现代化。像办公自动化、无纸化等更加便利化、优质化方式的出现，使得档案的生成方式也发生了很大变化，诸如文件的起草、签发、催办、归档等处理过程都在计算机和通信线路中进行。

如今，众多行业和领域在 5G 技术的引领下向着更广泛的信息化、智慧化阶段跃升，更高水准的生产效率、生活质量等必将成为现实，而更高水平的档案管理也势必会让人耳目一新。档案管理信息化、智慧化建设工作必然要与社会同步发展，顺应社会各界对档案管理的需求，信息化、智慧化的档案管理势必应运而生，并成为影响我国档案管理建设的关键因素。

现代档案管理的一个主要形式就是档案信息化管理，档案信息化管理模式主要体现为档案信息网络化、数字化及共享化。该管理模式代表档案管理的未来发展趋势，一方面是对长期保存内部档案资料极为有利，另一方面也可以实现档案资源的共享和融合。这些变化预示着档案工作者的工作方式和内容也更加现代化和信息化。广大信息搜索者需要的是档案的内容，这些信息可能来自不同的机读形式的档案中。将这些档案信息综合系统地、及时地提交给大众是每个档案工作者义不容辞的责任。这就要求档案工作者更加细心、耐心，使得机读形式的档案信息具有系统性、真实性、有价值性，用户才能获得更为完善的服务。由此看来，现代档案信息化管理与建设是档案工作发展的必然趋势。

在撰写过程中，笔者参阅了相关文献资料，在此，谨向其作者深表感谢。由于水平有限，书中难免存在一些不足和疏漏，希望各位读者不吝赐教，提出宝贵的意见。

著　者
2023 年 7 月

目 录

第一章　档案管理概述 … 1
- 第一节　档案管理的基本理论 … 1
- 第二节　信息资源管理的理论基础 … 7
- 第三节　信息资源管理的定位和特征 … 17

第二章　档案信息化的实施策略 … 21
- 第一节　档案信息化的实施原则与方法 … 21
- 第二节　档案信息化策略的实施措施 … 26
- 第三节　档案信息化实施的途径与过程 … 29
- 第四节　档案信息化系统实施的步骤 … 36

第三章　档案信息化管理与建设的理论基础 … 44
- 第一节　档案信息化管理与建设的目标 … 44
- 第二节　档案信息化管理与建设的内容 … 48
- 第三节　档案信息化管理与建设的任务 … 51
- 第四节　档案信息化管理与建设的原则 … 60

第四章　档案信息化管理与建设的设施基础 … 72
- 第一节　网络基础设施 … 72
- 第二节　数字化设备 … 76
- 第三节　数据存储设备与数据备份 … 85

第五章　档案管理智能化应用研究 … 91
- 第一节　电子商务档案管理的智能化 … 91

第二节 人事档案数字智能化 …………………………………… 95
第三节 智慧档案馆馆库智能化 ………………………………… 99
第四节 人工智能与档案管理信息化 …………………………… 103

第六章 现代档案资料管理 …………………………………………… 108

第一节 电力工程档案资料管理 ………………………………… 108
第二节 医院档案资料管理工作的规范化 ……………………… 109
第三节 新媒体环境下影像档案资料管理 ……………………… 112
第四节 建筑工程档案资料管理 ………………………………… 116

第七章 现代化档案管理人员特点 …………………………………… 120

第一节 档案管理现代化中的人文因素 ………………………… 120
第二节 档案馆人员的个体素质 ………………………………… 123
第三节 档案馆人员的群体结构 ………………………………… 126
第四节 档案馆人员的培养与教育 ……………………………… 129

第八章 档案编研的创新 ……………………………………………… 135

第一节 从供给侧视角谈档案编研 ……………………………… 135
第二节 文化建设背景下档案编研 ……………………………… 140
第三节 文化自信视角下档案编研 ……………………………… 144
第四节 传播学视角下档案编研 ………………………………… 147

第九章 档案数字化管理 ……………………………………………… 150

第一节 档案数字化管理的优势与弊端 ………………………… 150
第二节 数字化档案管理中信息通信技术的应用 ……………… 154
第三节 大数据与档案数字化管理 ……………………………… 158
第四节 档案数字化管理体系的建构 …………………………… 160

参考文献 ………………………………………………………………… 165

第一章 档案管理概述

第一节 档案管理的基本理论

一、档案与档案管理的基本概念

（一）档案管理的主要内容

档案管理工作作为国家档案事业的重要组成部分，是指在档案室中对各种载体形式的档案实体、档案信息进行收集、整理、统计及提供利用的各项工作的总称。随着社会的发展，档案管理工作变得越来越数字化和信息化。

档案管理工作主体对象是档案，档案服务对象是档案利用者，为了将分散凌乱、数量庞大的档案进行收集整理，根据社会的需要将档案进行集中系统化管理，并为加强档案管理提供支持。为了适应不断发展的档案利用者的社会需求，档案管理水平也应提高。

（二）档案管理的主要性质

现代档案管理中最重要的性质是专业性、服务性和数字化，档案管理的性质也可以按多个层次进行划分。首先，档案实体管理及对档案信息开发的两个层面的管理，各个层面又可以分为若干层。其次，档案实体主要包括搜集、整理、鉴定等各个工作环节，而档案信息开发包括信息加工与信息输出。在对档案信息开发的过程中，主要有编制目录、编写参考资料及文件汇编等。最后，除了能够有效提供给档案利用者查询、复制及外调服务，档案管理还可以提供更多服务。

（三）档案管理的基本原则

1. 组织原则、管理体制

这是档案管理工作的核心内容，明确规定了档案事业是由国家统一管理的，各部门档案也应该集中管理本部门重要档案。

2. 确保档案信息资源安全

由于档案具有一定隐秘性、权威性和原始凭证价值，因此要求档案管理部门采取有效措施来保护档案的完整与安全。

3. 档案为社会和群众服务的原则

要充分地体现档案与档案管理工作的价值和意义，就必须坚持档案管理利用服务的原则，要面向整个社会开展内容丰富、形式多样的档案利用服务。

二、档案管理的功能及其保护技术的发展趋势

（一）档案管理的核心功能

1. 文化与历史记忆的功能

所谓"文化与历史记忆的功能"，是指档案具有记载历史、保存历史记录的功能。档案是人们在社会活动中形成的一种文化与历史记录，它客观地记录了人们在政治、经济、科学、技术、文化等各个方面的发展过程和典型事件。从整个人类文明的进步而言，档案是人类文明在有记载的领域所达到的程度的一种反映和记录。因此，可以说档案是"人类的记忆"。

为了完整地、系统地保存档案，我国已初步建成了全国规模的档案馆网络系统。在这一体系中，以区域为界限的综合性档案馆占了绝大多数。随着人们对档案事业认识的深化，也感到单靠综合性档案馆的收藏，往往难以反映人类社会丰富多彩的各个方面。人们需要建立不同侧面的、不同系统的、各种类型的档案馆，以便能从不同的角度，对人类社会进行全方位的记录。目前，我国已建有以综合性档案馆为主体的档案馆事业，其中还包括专业档案馆、部门档案馆、大型企事业单位档案馆等。随着人们对档案馆这一事物认识的深化，还应出现诸如私人档案馆、专题档案馆等，以便达到不仅记录人类社会的政治史，而且也记录人类社会的经济、科学、技术、文化等各个方面的历史。档案馆的历史记忆功能，是档案馆之所以产生并得到发展的重要原因之一，也是档案馆诸多社会功能中的首要功能。

为了充分发挥档案馆的历史记忆功能，各级各类档案馆应合理地构筑本馆的馆藏结构。首先，每个档案馆都应具有鲜明的馆藏特色，即使是同类型的不同档案馆，也绝不雷同。其次，在坚持本馆特色的基础上，还应做到：从纵向而言，要尽可能延伸档案所涉及的时间跨度，不但要有现代的档案和近代的档案，还应该有古代的

档案；从横向而言，应尽可能拓展档案所涉及的领域的广度和深度，使其能完整地记录和反映历史。

2. 咨询与决策的功能

档案馆咨询、决策功能表现在以下方面。首先，表现在对社会的组织管理方面。由于历史记录大多数是政治活动的记录，记载了统治者大量的治乱兴衰的经验和教训，通过利用这种档案信息，能为决策者提供解决各种问题的思路与方法，从而为科学决策提供依据，使决策者在认识问题、处理问题时具有历史的深度。其次，表现在对人类社会赖以生存的经济建设方面。纵观人类社会发展的历史过程，经济建设始终是人类社会生活的主要内容。因此，档案馆保存了大量的人们认识自然、改造自然过程中形成的历史记录。通过提供这方面的档案，在进行各项重大的经济建设决策中，起到一定的参考作用。

3. 社会培训与教育的功能

世界范围内以信息技术为主要标志的科技进步日新月异，知识经济初见端倪，促使全球经济、社会的发展及人们生活方式不断发生大变革。科技竞争，特别是人才竞争，已经成为世界各国竞争的焦点。许多国家把提高国民的科学文化素质看成21世纪竞争成功的关键。为适应世界潮流，迎接21世纪挑战，把我国经济建设的推动力转移到依靠科技进步和提高劳动者素质的轨道上来，档案馆应当担负起传播科学文化知识，提高公民科学文化素质的重任。

档案馆具有社会教育功能在于其教育对象的多样性。档案馆的教育对象是整个社会的广大成员。档案馆不同于学校，不存在某一特定的受教群体，不同专业、不同职业、不同年龄、不同文化水平者都能从档案馆中获取科学文化知识，从而提高自身的素养。

同时，档案馆社会教育功能的发挥也在于其所提供的知识内容具有多样性。档案是人类社会实践活动的记录，内容涉及政治、经济、军事、科学、技术、文化等各个方面。档案是人类社会的记忆，也是人类社会得以持续发展的阶梯。

档案馆社会教育功能的发挥还在于其教育形式的多样性。档案馆可以根据外界的需要，结合馆藏特点开展各类讲座，传播科学文化知识。针对社会热点，档案馆可以利用自身馆藏丰富的优势，举办各种展览，向社会充分展示馆藏特色。

4. 学术研讨的功能

科学技术是第一生产力，是推动经济发展和社会进步的重要变革力量。大力开展各门科学的学术研究活动，是现代化建设的可靠保证。各门科学的学术研究，从本质上而言，就是要研究自然界和人类社会各项事物发展的客观规律，顺应自然，推动社会的发展。

档案馆学术研究功能的发挥取决于其丰富的馆藏。档案是人类社会活动的历史记录，是人们认识自然、认识社会的经验与教训的总汇，记载了人类社会文明发展的历史过程。正如澳大利亚档案学家怀特所说："档案机构绝不是古老的被人遗忘的文件的坟墓。档案的实质在于它不仅记录了成就，而且记录了获得成就的过程。"正是由于这种对"过程"的记录，才为科学家提供了寻找规律、探究规律，进而掌握规律的丰富材料。

科学史告诉我们，任何学术研究都要从前人的研究成果中吸取、借鉴有益的成果。科学性的劳动是具有继承性的，这种劳动一部分以今人的协作为条件，一部分又以对前人劳动的利用为条件。档案馆丰富的馆藏，正是"前人劳动"的结晶，它又经过档案馆工作者的收集、整理、鉴定等一系列工作，而成为系统的、有价值的档案信息，这同时蕴含了档案馆工作者的科学劳动。因此，当这种"档案信息"提供给科研工作者时，它已经不仅是"前人劳动"的成果，而且是档案工作者与社会上科研工作者之间"协作"的一种形式。这种"协作"，不是直接参与科研工作者的具体科研工作，而是以向他们提供经系统整理的、科学鉴定的档案信息的形式来实现的，这就为他们的学术研究活动提供了必要的条件。从这个意义上讲，档案馆向社会提供档案信息，实际上是科学研究的前期工作，它直接促进了学术研究的发展。因此，档案馆在学术研究事业中是不可缺少的组成部分，是学术研究工作得以正常开展的基础。

同时，档案馆工作人员本身也具有学术研究的内容。一方面，档案馆工作人员要研究馆藏结构，研究档案价值，研究档案保护，研究档案管理的客观规律性，这些本身都具有学术研究的性质。另一方面，档案馆工作者本身也有可能成为一位学术研究人员。

5. 信息沟通的功能

随着社会信息化程度的不断提高，人类正从工业社会向信息社会迈进。信息是物资、能源之后的"第三级资源"，是人类社会的宝贵财富。在当今知识经济时代，信息资源开发与利用的水平已成为衡量一个国家发展状况和综合国力的重要标准。档案是信息的重要组成部分，档案馆作为保存档案的史料中心，在信息传递方面有较大的优越性。档案馆内的档案信息，是对众多档案室的档案信息进行了充分的甄别和选择之后收集进馆的，因此，这一种档案信息是经过整合的、有较高利用价值的档案信息，是一种信息资源，其外延相当广泛，可以涉及人类活动的有记载的所有领域。

档案馆的信息传递功能，首先表现在纵向的传播，借助文字、图像和声音等载录方式，我们能够获得前人积累在档案中丰富的经验和教训，通过对信息资源的开发，使我们能够获得丰富的历史信息，以指导我们实践。其次，档案信息的传递功能也表现在横向方面，通过对档案信息资源的开发，我们能够获得前人留下来的经验和教训，并以此作为起点和对照开展我们的工作和研究。

在档案馆信息传递功能的认识方面，以往人们较多地注意到其纵向的传递，主要是从历史记录的角度考虑这个问题，并且这个历史记录也往往是几十年以前的"记录"，而对近期的"历史记录"则依赖于各机关档案室。随着我国社会经济体制的逐步健全，社会对档案馆功能的认识也在逐步深化。

6. 智力开发功能

档案是文明的产物，档案馆馆藏档案信息资源是人类文化遗产中重要的组成部分。它客观地记述了人类社会文化发展、科学进步的历史进程，记录了人类认识自然过程中的心得体会、实践经验和理论精华，是一座人类科学、文化的思想宝库。

档案馆中收藏的档案信息资源是一种智力资源。与其他资源一样，只有经过开发，才能为人类社会服务，造福于人类。这种资源与自然资源不同，自然资源是非再生性资源，数量是有限的，不断开发使用终究会枯竭。而智力资源则不同，它可以长期使用，重复使用。而且随着不断使用，还能再生出新的资源，这是智力资源的一个很重要的特点。档案馆作为这种智力资源的保存之所，应该主动发挥开发智力资源的功能。

为了充分发挥档案馆开发智力资源的功能，档案馆应对馆藏档案信息进行细致的分析和研究，运用各种技术手段和现代化设备，使馆藏档案信息得到充分的开发。

档案馆应通过举办展览进行学术交流，举办专题讲座等多种形式，向社会多侧面、多角度地展示丰富的馆藏，吸引社会用户来馆了解档案信息，开发利用档案信息资源。

7. 公共服务功能

档案馆就其性质而言，一直被称为"科学文化事业机构"，然而和其他科学文化事业机构，如图书馆、博物馆相比，似乎总有些特别，似乎还是"犹抱琵琶半遮面"。而且，这"科学文化事业机构"的性质还只是在业内人士中谈及或流行，社会对此性质并不完全认同。在一般人的观念中，档案馆与国家机密有着千丝万缕的关系，人们往往敬而远之。同时，档案馆的馆址往往也是一个问题。它不是被设在政府机关大院内，就是被安排在僻远的地方，使人们缺乏与档案馆接触的条件。为了适应社会的发展，为使档案馆工作在新时代不至于落伍，档案工作者应该主动承担起开发档案馆在公共服务方面功能的责任。

首先，档案工作者应增强为人们服务的意识，并应认识到这是事业发展的重要基石。其次，档案工作者也应认识到，在档案馆馆藏中，真正不适宜开放的部分是少数的。最后，档案工作者还应积极地准备多方面的物质条件，向社会各方面进行宣传，普及社会的档案意识。因此，档案馆公共服务功能的发挥还应具有一定的前瞻性，我们应着眼于对馆藏档案信息的更深层次的开发和利用。通过提供各种窗口和展示厅，使馆藏档案的价值得到多层面的体现。

随着我国经济建设的高速发展，社会对档案馆工作也将提出更多的要求。这无疑为档案馆工作注入了新的活力，同时，也将为档案馆功能的拓展提供更多的舞台。

（二）我国档案管理及保护技术的发展趋势

1. 档案保护形势已日趋多元化

我国的档案管理正处于传统档案管理及保护与现代化档案管理并存，应建立起专门的档案管理系统，并定时对该档案数据库进行更新和检查，以保证该数据库信息的完整性。

同时，在档案数据甄别技术上进行相应的改革创新，还应将档案进行正确分类，将档案管理部门的档案管理及保护职能发挥到最大，保证档案馆能掌握合理的档案管理及保护的发展途径，从而应对在档案管理及保护过程中出现的风险。

2. 档案保护工作日渐细化

首先，建立档案收集部门，对收集的档案进行甄别。其次，建立档案分析部门，将类别不同的档案分别归档，分出重要的档案，单独进行管理，并进行多重加密，重点保护。最后，建立档案管理部门，按照国家法律规定研发出切实有效的档案保护技术，从而实现档案保护技术的规范化和标准化。当档案管理出现问题时，要能够迅速找出问题点，并针对问题点找到相关责任人，对出现的问题负责。

3. 档案修补技术趋于完备

随着高新技术的发展，档案的修补技术也逐渐从手工修补向电子修补转变。由于手工修补存在效率低、不规范等问题，这就凸显了电子修补技术的优势。

建立更先进的档案修裱机，研发更适合档案装裱的档案修裱机胶黏剂，电脑操控胶黏效果更好，不会出现溢胶、少胶等现象。

4.档案保护日趋绿色环保

生态、低碳、环保是时代发展的潮流，也是档案保护发展的必然趋势。档案馆建筑群体及设备设施应遵循绿色环保的理念，最大限度地节约资源、保护环境、减少污染，提供健康、适用和高效的使用空间，与自然和谐共生。

以前档案的保护方式是追求快速建造，现如今在逐渐向高效建造发展，更注重生态保护、无毒、无残留，从实质上迎合国家开展的绿色环保政策，从而保证档案馆的各项建设。

5.档案管理日趋国际化

随着全球化经济的发展，大数据是世界发展的必然趋势，网络的流通性已成为每个国家都关注的问题。实际上，对档案管理来说，应在保证档案信息不泄露的前提下，可借鉴国外的高新技术来为我国档案保护的发展提供对策和实施方法。

同时，我国档案界还应学习国外关于电子档案的保护措施，可通过举办交流会、与国外交换交流生等合作形式，来汲取国外先进的电子档案保护技术和理念，并向国外推介我国对档案管理和保护所采取的措施。

第二节 信息资源管理的理论基础

一、信息资源管理的理论对信息资源管理的支持和影响

信息资源管理的最重要的理论基础就是信息资源管理理论。尽管国际互联网带来的许多技术、方法和思想，与以往的信息资源管理的理念有不小的差异，如原来的文献计量的理论与网络信息的计量就无法符合，原来的标引理论对于网络文献的标引也有不少是无能为力的。但任何一门学科的基础理论既具有其普适的一面，也必然有其特殊的一面。因此，考察信息资源管理的特殊性，就必须从各种信息资源的特殊性出发，并将其放到信息时代这个大环境下来进行综合考察。

（一）信息资源管理活动

1.信息资源管理活动的组成环节

作为过程，信息资源管理是由若干相关而有序的环节组成的。由于很多信息资

源管理活动的最终目的是向作为消费者的用户提供信息服务的，所以分析用户的信息需求及其决定因素、表现形式、转化机制和满足方式等，构成了信息资源管理过程的第一个重要环节。信息资源管理过程的第二个环节是寻找和确定信息资源。信息资源的含义很广，但在此主要是指作为信息资源生产者的个人或组织及信息资源本身。信息资源管理过程的第三个环节是信息采集和转换，信息采集是指以某种方式从已确定的信息资源处收集信息资源，信息转换主要包括符号的转换（如口头语言到书面语言的转换）、载体的转换（如印刷文本到电子出版物的转换）和所有权的转换（信息资源所有权从生产者到出版者、管理者乃至用户的转换），信息转换通常也意味着信息资源的批量生产和销售。信息资源管理过程的第四个环节是信息组织，这是对所采集的信息资源加以序化的过程，它根据信息的内在结构要素可以分为语法信息的组织、语义信息的组织和语用信息的组织三大部分；信息组织从逻辑上包括信息的存储，存储是一种实用性的、以时间交流为主要目的的信息组织。信息资源管理过程的第五个环节是信息检索，它可以近似地看作信息组织的反变换过程，信息组织将许多具体的信息依据一定的规则建成体系，以利于人们查询，信息检索则破译上述规则，从信息体系中寻找特定信息以满足用户的需求。信息资源管理过程的第六个环节是信息资源的开发，它以检索和积累的信息资源为原材料，以开发人员的大脑和计算机为工具，以用户的信息需求为导向，对信息资源进行再生产，其结果是信息产品。信息资源管理过程的第七个环节是信息资源的传播与利用，通过各种传播渠道和服务方式，信息资源管理人员将经过组织和开发的信息资源传递给作为消费者的用户，至此完成了信息资源管理活动的一个循环。

2. 信息资源管理活动是一种宏观调控行为

从宏观的角度考虑，无论是协调信息资源管理活动与其他社会活动的关系，还是对所有信息资源管理活动实施集中统一的管理，都需要国家有关部门统一规划和组织实施。一般而言，宏观层面的信息资源管理活动包括以下几方面的内容：

一是通过信息政策和信息法规对信息资源的生产、交换、分配和消费实施宏观调控和规范；二是通过培育和完善信息市场来加速信息商品化和信息生产的社会化，从而进一步发展信息生产力；三是通过建立集中统一的管理组织来协调信息资源管理行业内部和信息资源管理行业与其他行业的关系，为信息资源管理的和谐发展创造良好的环境；四是通过基础设施建设和信息资源管理教育等途径支持信息资源管理的发展。

（二）信息资源组织的探讨

1. 信息资源的组织方式

信息组织是对信息资源进行序化和优化的过程。在信息时代背景下，信息资源的组织优化更为重要，基本的组织方式主要有四种：文件方式、数据库方式、主题树方式和超媒体方式。文件方式简单方便，互联网提供了如FTP（文件传输协议）一类的协议来帮助用户利用那些以文件形式保存和组织的信息资源。但文件方式只能是一种网络形态下的信息资源管理的辅助形式。数据库方式是当前普遍使用的信息组织方式，能处理大量数据，但缺乏灵活易用的界面机制。主题树方式提供了一个基于树浏览的简单易用的信息检索与利用界面，但不适合建立大型的综合性的网络资源系统，只适用建立专业性或示范性的信息资源体系。超媒体方式是互联网上占主流地位的信息组织方式，它与传统的线性信息结构不同，超文本技术以更适合于信息的自然结构的方式来组织信息，能够充分表达各种信息之间内在的联系，让使用者能够方便、灵活地浏览，获取所需要的信息。

2. 信息资源组织的发展

事实上，文件方式和主题树方式并不是信息资源组织的主要方式。当前信息组织基本上是以数据库方式和超媒体方式各自独立发展的。

数据库方式就是将要处理的数据经合理分类和规范化处理之后，以记录的形式存储于计算机中。数据库技术组织信息资源可极大地提高信息的有序性、完整性、可理解性和安全性。数据库技术与网络技术的融合极大地方便了用户利用和开发信息资源，提高了效率。但数据库处理的对象通常是结构型的、以数值形式为主的数据类型。在一个决策支持系统中，对于事实型数据、离散型数据，当前的数据库技术尚无法达到令人满意的效果。

超媒体技术则是以超链接的方式将位于不同页面上的信息有效地连接组织起来，这时信息是由许多页面及其各种信息形式（如文字、表格、图像、声音、动画等）组成的。

以超媒体技术组织信息，可使信息系统任意收缩，具有良好的包容性和可扩充性；可组织各类媒体的信息，方便地描述和建立各媒体信息之间的语义联系，可超越媒体类型具有对信息组织与检索的限制；通过链路浏览的方式搜寻所需信息，具有较高的灵活性。由于超媒体的种种优点，它已成为互联网上占主流地位的信息组织与检索方式。当然，利用它组织信息资源也存在缺陷：当超媒体网络过于庞大时，很难准确而迅速地定位于真正需要的信息节点上。

随着应用的发展，超媒体技术需要与其他信息技术相互结合，才能充分发挥超媒体技术的作用，以更好地组织网络信息资源。

3.信息资源组织的基本理论问题

信息资源的组织是一种分布模式，其信息对象可能并不存储在同一个地方，可能是分布在不同的服务器上。信息资源组织目前还有许多难点尚未解决，诸如信息资源种类繁多、节点多媒体化、新陈代谢快、信息不稳定、资源分散、无序、随机变化大、累积与保存困难，以及标准化、规范化等问题。其中理论的关键点表现在以下几方面：

（1）信息组织是一种知识组织

所谓知识组织，是指对事物的本质及事物间的关系进行揭示的有序结构和知识的序化。因此，信息组织的目的是向人们提供便于利用的、可以帮助解决问题的序化的信息，而不是大量无用的信息。在信息组织时要严格控制档案信息的质量，对网上信息进行有效的评价和筛选，从而为用户提供有价值的档案信息资源。

另外，分类法和主题法是信息组织的主要工具，网络组织要充分吸纳传统分类法和主题法的优点，将其与信息资源组织的特点相结合，有效地进行档案信息资源的整合。

（2）信息组织的标准化问题

在信息资源组织中，存在搜索引擎的分类体系不统一，类名的设置不规范，分类的层次不合理，索引的方法因系统不同而异，各搜索引擎标引方式也没有统一的规范。有的对网页全文进行索引，有的仅标引网页的标题、URL（统一资源定位符）、关键段落的前几个单词和文本的前100个词。另外，生成关键词的技术也不一样。

由于信息的组织与标引缺乏控制，导致信息的误查率、漏查率高。因此，应该对信息进行规范化处理，现在最主要的方法就是采用元数据。元数据通常被描述为"数据的数据"，是用来进行网上信息资源著录和标引的格式，类似于图书馆的编目记录。管理者应对互联网信息资源进行优化整合，从而提升档案信息资源的质量，这是具有元数据价值的网络信息资源的基本功能。

（3）合理利用信息资源

组织与揭示信息资源要通过多层次、多方位的描述、分析，从而做到信息资源的合理利用。信息组织的对象不要仅停留在对信息特征的描述上，还应该深入信息单元，扩大标引广度，增加数据库的标引深度，加快信息的增值过程。

（4）自动化技术在信息组织中的应用

由于信息的种类繁多、数量庞大，以人工方式对网络信息进行处理已不能满足信息组织的需要，亟须采用自动化的信息组织手段。在信息组织中应该发展和利用自动分类、自动标引、自动编制分类表和词表，以及目录、索引、文摘等自动化技术，从而扩大档案资源的来源和范畴。

（5）后控词表在信息组织中的应用

采用自然语言组织和检索信息方便易行，但是同义词和近义词得不到控制，词间相互关系得不到揭示，最终会影响信息的检索和利用；单纯地采用自然语言又会造成查全率降低。解决这些问题的最好办法就是采用后控词表。后控词表是自然语言与规范语言结合的理想形式，要积极研究它在信息组织中的应用。

（三）信息资源管理中的用户需求讨论

1. 信息资源用户需求的社会化

当前，社会信息化与信息社会化的大趋势必然要求并推动作为信息资源重要组成部分的信息管理加快建设。在信息环境下，信息服务部门的信息服务的传统模式越来越难以满足用户开放化的信息需求，信息用户的信息需求由原来的稳定性、集中性向开放化的社会性转变。现代用户信息需求开放化的直接原因是社会信息化发展中用户职业工作机制的变化。随着职业工作中社会交往范围的扩大，商务信息交流日益广泛，致使广大用户向部门的信息需求向专业与社会信息相结合的信息模式转变。

2. 使用者需求下信息资源的集成化

随着信息技术的发展和信息网络的延伸，计算机技术、通信技术、信息存储技术正在相互渗透、连接，全方位的网络信息服务逐渐变成了现实。信息资源用户对信息客体的需求，对检索工具与系统的需求和对各种信息服务的需求，往往通过不同的途径得到满足。这意味着信息资源分布的分散性和信息技术利用的分离状态决定了用户按个别需求获取信息的行为方式。信息网络的发展，将计算机技术、远程通信技术和网络信息处理技术有机结合，从根本上改变信息资源开发、组织和分布状况，从而使用户可以按主体客观需求在网络环境下集中获取所需商务信息资源，即在网络中将各类相关的专业信息获取方式融为一体，使信息交流、查询、数据获取、全文阅读和信息发布，集成多功能、多渠道、多方式的信息需求与服务利用行为。

3. 使用者需求下的信息资源高效化

信息资源用户需求高效化是信息提供方长期以来追求的目标,高效化的需求只有在高速信息网络环境下才有可能显化。信息资源用户需求的高效化主要表现在:第一,用户在所从事的职业中,由于工作节奏的加快,从客观上要求迅速满足工作中的信息需求;第二,信息处理和利用状态的优化要求有快速、高效的信息服务做保证;第三,信息组织与传递方式的变化使用户逐步适应利用新技术处理信息和进行信息交流,从而进一步提升用户对高效化信息服务的需求。

二、信息资源管理的重要理论来源——知识管理

(一)知识管理的兴起

知识管理是基于20世纪末信息技术的迅猛发展、知识经济的崛起,首先在企业的内部管理的变革中提出的一个全新的概念。知识管理理论是在信息资源管理的理论和知识经济理论的基础上发展起来的一种全新的管理理论。

知识管理是在知识经济的大背景下,首先在知识型企业中提出。其理论探讨一直滞后于企业的实际操作。在知识经济的各种理论被提出的短短几年里,知识管理的理论也逐步升温。以微软、IBM(国际商务机器公司)、安达信、毕马威等跨国公司为代表的知识企业纷纷提出了各自的知识管理方案或行动计划,结合各公司的相关产品,以技术来推动知识管理的发展。同时,理论界也在原来信息管理、信息经济、信息资源管理的框架下展开研究,提出知识管理的各种概念和理论。

知识是资本,智力是资源,这就是新经济带给管理者的新理念。组织智力,管理知识是这一新理念、新思维的运用与实践。

可以简单地认为:知识管理一是对知识的管理,二是运用知识进行管理。知识管理的任务就是要管理好智力资本,充分运用集体的智慧,提高企业的应变能力和创新能力。

它是为企业实现显性知识和隐性知识共享提供的新途径。显性知识是可量化且易于整理和用计算机储存的知识,又称作可编码知识。这种知识以文字或其他符号形式写在书本上或储存在计算机中。隐性知识是一种不易用文字表达出来的经验性知识,又叫意识知识。

显性知识是易于传递和表达的,而隐性知识则潜藏在人的大脑中,属于经验性的无规律性的知识。每个人的隐性知识是各不相同的。

显性知识是易于整理和用计算机储存的知识，而隐性知识则难以掌握，它储存在员工的脑海里，是员工经验的体现，知识管理就是有效地实现这两类知识的相互转换，并在转换中创新。知识型公司能够对外部需求做出快速反应，明智地运用内部资源，并预测外部市场的发展方向，这就需要运用知识管理来实现。

知识管理的根本目的是运用企业集体智慧，提高对环境快速变化的应变能力和创新能力，实现显性知识和隐性知识的共享和转换。知识管理不同于以往的信息管理，信息管理的重心是企业内部和外部的信息资源，侧重于对这些信息的收集、分析、处理、存储，其目的是降低成本提高效益。而知识管理更注重人力资源的开发，注重创新。可以这样说：知识管理是信息管理的发展，是其更高的发展阶段。

知识管理思想是一种全新的管理思想，它既继承了人本管理思想的精髓，又结合新的经济形态特点予以创新。知识管理本身有其不同于以往管理的独特之处。

（1）知识管理以企业员工智力资源的开发为中心。因为企业员工拥有不断创造新知识的能力，这是企业不断创新的源泉。因此，如何采用适当的激励机制激发员工的创造力，在企业发展中显得尤为重要。在传统的工业管理中，虽然也有精神激励，但更多的是物质激励。在新经济时代企业管理尤其注重激励机制，不只是给予赞赏或荣誉的传统式精神激励，而是一种新型的精神激励，即赋予更大的权力和责任，进而更好地提高员工的自觉性、能动性和创造性，充分发挥自己的潜能以实现其人生价值。

（2）知识管理重视知识的共享和创新。新经济下企业之间的竞争取决于企业的整体创新能力，即运用集体的智慧提高应变力和创新力，增强企业的竞争能力。创新可以认为是产品或服务过程中已有知识要素或新的知识要素的组合，它要求企业的领导，把集体知识的共享和创新视为赢得胜利的支柱，能够向员工分享他们所拥有的知识。

（3）知识管理对知识和人才高度重视。对于显性知识的获取和分享，可以通过计算机网络和软件系统实现。对于隐性知识，除了重视员工自身的潜能激发，企业应重视发挥内外专家学者及领导层的智慧的作用，即人才智力高效能发挥。

（4）在信息的利用上应把信息与信息、信息与人、信息与过程联系起来，从而进行创新。总之，重视知识的企业被看作"学习型的组织"，强调对员工实行终身教育，使员工不断获取知识和自学成长，从而形成集体智慧，为企业做出更多贡献。

（5）知识管理重视领导方式的转变。同新经济时代相适应，知识管理需要有新型的领导方式，领导要不断学习，提高成员的能力，让每个成员都有参与领导的机会。

未来的领导应是集体领导，每一位员工都应为企业的发展出力献策。要集中员工的智慧，统一员工的行动，发挥集体智慧的作用。

（二）知识管理与信息资源管理的区别

1. 信息资源管理演绎至知识管理所体现出的差异

对知识管理持怀疑论的研究者和企业管理者常常会受到一个问题的困扰：知识管理和信息资源管理是一回事吗？当然这个问题的产生是有道理的。

信息资源管理虽有着悠久的历史，但它把信息作为资源结合技术、组织、人力三个因素从中进行管理，则是20世纪70年代末80年代初出现的新事物。信息资源管理是为实现组织的目标，满足组织的需求，解决组织的环境问题而对信息资源进行开发、规划、控制、集成、利用的一种管理。它经历了实物管理、技术管理、资源管理三个时期。按照美国学者马尔香与霍顿的划分，信息管理的发展有几个阶段：文本管理阶段、自动化技术的管理、信息资源的管理、商业竞争分析与智能、战略信息管理。

由此可见，知识管理在历史上被视为信息管理的一个阶段，在信息资源管理后产生的。近几年来，由于经济发展的需要和管理实践的发展，知识管理开始从信息资源管理孵化出来，正在逐步形成一个新的管理领域。

从目前知识管理的理论探讨中不难看出，对知识管理有两种理解：其一是对信息资源的管理，认为知识作为对象可以在信息系统中进行识别和处理，能获得信息技术的支持；其二是对人的管理，认为知识作为认知过程存在于信息的使用者身上，只有在人际交流的互动过程中才能创新。笔者认为知识不是一般的信息，而是能在信息运用中改进人的行为的特殊信息。知识管理要求把信息与信息、信息与活动、信息与人联结起来，实现知识（包括显性的和隐性的知识）共享，运用集体的智慧和创新能力，赢得竞争优势。因此，从信息资源管理到知识管理的转化，是管理理论与实践中"以人为本"的管理主线的进一步体现。

2. 知识管理与信息资源管理相互混淆的因素

（1）采用的大量技术雷同

这些技术包括群件、信息回溯、数据挖掘、文档管理、电子邮件、推送技术、Web浏览器、可视化、智能代理、内联网等。绝大部分的信息管理技术正在或将成为知识管理的集成技术支撑，知识以信息的形式存在和被传播，是二者具有大量相似性的基本原因。

（2）营销企业对概念的混淆

软件企业为了更好地抓住市场机遇往往做出一定的误导，许多被称为"知识管理解决方案"的产品被推出。一些昨天还是"搜索引擎"的产品，今天就被称为"知识管理器"，所以导致用户的概念混淆。

（3）数据库与知识库混淆所引起的混乱

虽然数据库和知识库都是架构于现有的数据库产品之上的，但从二者的服务目的可进行区分。数据库强调的是安全、可靠地存储和调用的响应能力，它服务于信息资源管理，以二维表的形式进行逻辑组合，对数据库内数据信息的加工需要由专业的信息系统工作人员来进行。知识库则强调交互性、开放性，它服务于知识管理与决策，将数据信息等以多维形式进行组织，利用关联关系进行相互激励与重用，它借助友好的用户端应用使非专业用户可以自如地查找、应用和发布知识。

（四）第二代知识管理的理论要点

1. 第二代知识管理的演进及主要观点

有人说知识管理"可以说是给昨日的信息技术披上了今日更加时髦的外衣"。的确，时至今日的大部分知识管理实践，核心是数据仓库、群件、文档管理、成像和数据挖掘。由于继续推进这种以技术为中心的思想，新生的知识管理领域就把自己置于一种危险境地。仅把昨日的技术重新贴上今日"知识管理"的时髦标签，但无济于事，不能带来任何新东西，客户也不会支持它，目前客户的这种指责已经出现。另一种完全不同的知识管理观点则是"第二代知识管理"，这种观点可以看作对知识管理的一种倡导和支持。不像第一代知识管理好像技术能解决所有问题，第二代知识管理更考虑了人力资源和管理过程的主动性。笔者认为，应该把第二代知识管理看作一种不同于"技术中心"的方法，接受它及其扩展的观点。

2. 第二代知识管理的核心观点

第二代知识管理出现后引入了一些新的术语、概念和观点，这些内容与第一代知识管理明显不同，并具有真正的深度。第二代知识管理独特的观点主要集中在以下八方面：供应学派—需求学派知识管理、知识生命周期、知识过程、知识规律、知识结构、嵌套的知识域、组织学习、复杂性理论。目前，第二代知识管理的主要观点可概括为：

第一，第二代知识管理强调知识生成（考虑需求方），但不否认第一代知识管理中编码化和分享的重要性（考虑供应方），因此说第二代知识管理是新的均衡。

第二，第二代知识管理对知识生成的重视，对知识管理而言，是迄今人们提出的众多看法中更有价值的观点：期望提高组织的学习效率，从而提高组织的创新效率。

第三，第二代知识管理确定了组织知识的结构（知识结构中的陈述式知识和程序规则集），以及基于过程的知识生命周期。如要促成健康的组织学习，必须培养和关心这个生命周期。

第四，第二代知识管理让人信服地把知识管理与组织学习联系起来，由此我们认识了嵌套学习域和知识管理在帮助组织（不只是个人）比竞争者更快、更有效地学习方面所发挥的作用。而且，这个关联的价值命题是非常重要的。

（五）知识管理与信息资源管理的异同

知识管理与网络信息资源管理有着共同的基础，信息资源管理从其中汲取了可以借鉴的理论。

从信息资源管理的角度来看，二者具有相同的作用，都是为了满足特定的信息需求。人们在行动、决策中都需要信息，以减少影响实践的不确定性，降低风险，使各种活动朝着人们预先设想的方向发展，因而信息管理最终通过提供信息而实现个人、组织乃至社会的生存和发展。尽管知识管理与信息资源管理所侧重的问题不同，但二者所产生的作用却基本一致。知识管理最终就是要形成一种"自足"的创新机制，或者说创造和谐的知识生态，依靠内部的不断创新去适应环境，从而使主体得以生存和发展。这一点在企业的信息资源管理和知识管理上得到了充分的体现。企业认识到信息能大大缩短新产品的开发研制周期，能更快速、准确地了解用户的需求，从而占领市场，获得竞争优势。因此企业不惜投入巨资引进高科技，完善自身的信息管理工作，同时向社会提出了更高的信息管理要求，信息被企业作为重要的资源。

从发生发展的角度来看，二者都对信息和信息技术予以高度重视。信息资源管理的一切研究都是以信息为基石拓展到各个方面而形成的，商务信息是信息管理产生和继续存在的根本；信息技术既为信息资源管理提供了新的解决方案和思路，同时又引发了一系列新问题，因而成为当前信息资源管理研究的核心之一。

信息是信息资源管理创新的原材料和源泉。商务信息不会凭空在人的头脑中产生，在研究信息的运动规律时必然要对其进行深入的探讨，这是由技术与信息的内在固有关系所决定的。在理论研究与应用研究和实践中离不开技术，创新中的信息保障在理论和实践中具有同样重要的意义。由此可见，信息、技术是信息资源管理的重要工具。

总之，信息技术不仅为信息资源管理提供了支持，而且也是知识管理研究的内容和解决问题的方法与手段，因而在二者中都受到高度重视。

知识管理研究与信息资源管理研究是相互促进的。知识管理需要以信息资源管理为基础，并对信息资源管理提出了更高的要求。因为管理、决策都离不开信息，知识管理也不例外，对信息的全面、准确、及时性比以往任何时候的要求都高，所以做好信息资源管理是实现知识管理的基础。同时，知识管理研究的进步又必然会带动信息资源管理的研究。反之，信息资源管理理论和实践的重大突破也必然为知识管理的研究提供新思路、新方法，因而二者是相互促进、共同发展的。

第三节　信息资源管理的定位和特征

一、信息资源管理的定位

本书所说的信息资源管理可以做以下定位：

第一，信息资源管理具有两层含义：一是在信息时代，网络环境下的信息资源管理具有更为广泛的适用范围，这是信息资源管理在新的条件下的发展和延伸；二是信息资源管理是在这种情况下的信息资源的开发、利用和服务。

第二，作为一种管理性的活动，人作为主体的有意识活动，必然是在一定的理论思想的指导下进行的。这种理论思想既包含了信息资源管理的理论成分，也包括信息科学、知识管理理论和其他一切与之有关学科的理论成分，并且是在吸收、容纳、整合、概括和升华了上述有关学科理论成分的基础上形成的。信息资源管理就是在这一具有体系性的理论知识的指导或支配之下所进行的目的明确的社会性活动。

第三，信息资源管理发展至今，是以信息技术为核心的多元化集成，其主要包括数据库技术、通信技术、多媒体技术等。

第四，信息资源管理是对各种信息资源的开发、组织、存储、传递、服务、利用等多方面的信息资源管理工作。

第五，信息资源管理的核心问题是对各种信息资源的有效管理。其管理对象是档案信息资源，而不是一般意义上的信息资源。这被看作档案信息资源管理与以往信息资源管理的重要区别。对档案管理中的各种问题也不能从狭义的角度来理解。在特定的档案管理系统内，档案信息的输入、加工处理和输出是管理的范畴，信息的生产和分配及信息资源的配置也在管理的范畴。因此，其管理对象从广义上讲是档案信息资源及从事档案资源管理的人员和应用的技术；狭义的范围则只包括档案信息资源的内容本身，不包括档案管理人员和技术，本书从广义的角度来论述。

第六，信息资源的内容包括通过实物、网络等提供的各种信息。这些信息都以不同文本对档案资源库进行了补充和完善。但从本书论述的角度来说，这里的信息资源更侧重于信息时代背景下的数字化信息资源。

第七，信息资源管理作为广泛存在的社会活动，对当前社会生活的影响是多方面的，但其经济社会意义则是它自身价值的根本体现。不过，档案信息资源管理活动的最根本意义就是会直接提升社会生产力与增加社会财富。

第八，信息资源管理不应是几个部分的简单叠加之物，或者是分隔式的一种理解。而应当从整体上、从综合性和概括性的较高层次上去理解其内涵，应将其看作高度集成的有机体。

二、信息资源管理的内涵

信息资源管理的提出是在社会的演进过程中，在物质文明与精神文明进步的过程中顺应时代发展的结果。如果从广义的社会管理的发展历程来看，人们从物质资源的管理到信息资源的管理，既表明了人们认识的不断深化，也表明了管理能力与范畴的不断提升与扩大。这也是信息资源管理不断得到发展的重要原因。档案信息资源管理发展到今天，信息化、网络化与集成化已经成为衡量一个社会文明发展水准的重要标志之一。

信息资源管理是信息社会管理的重要时代特征之一。对于时代特征，人们往往从社会政治和经济等不同方面来进行概括和表述。但决定时代特征最根本的因素是经济基础和社会经济的发展程度。而当今时代的基本经济特征则是信息经济已得到充分发展，知识经济已露端倪，并将越来越占据主导地位。信息与知识资源已成为当今社会最重要的生产资源之一，信息已成为社会财富的显现和潜在的来源。在知识经济时代，对于信息资源和知识资源的管理就成为人类社会最普遍的一种活动，是决定人类自身生存与发展的基本经济活动和社会活动。档案信息资源管理正是信息资源管理，自然也是这一时代最主要的体现之一。

信息资源管理是一种极具普遍性又有特殊性的人的智力活动。其普遍性主要体现在具备人类活动的普遍要素，即资源、信息和管理三者缺一不可。在这里，资源（包括有形的和无形的）成为信息资源管理活动的物质基础和条件。信息在信息资源管理活动中更多地表现为数据形态的信息。所以以数据信息的生产和开发利用为中心的信息资源管理活动无疑需要管理。

信息资源管理作为一种社会活动，其特殊性主要体现在广泛的渗透性和高智力性。信息资源管理活动将随着社会和经济的发展越来越广泛地渗透于社会经济的各个领域，并与其相互交融。同时，信息资源管理活动具有高智力性。这是因为从事信息资源的生产、分配、输入、加工处理和输出的专业活动，需要具备相当多的专业知识和技能，档案信息资源管理自然也具有这一属性。

信息资源管理是知识经济时代或知识社会经济增长的内在动力之一。传统的经济增长理论认为，劳动和资本（以各种具体形式表现出来的资本）对生产过程的投入是经济增长的主要原动力，而知识的应用或技术进步对经济的增长只是一种外在的因素。新的经济增长理论认为，技术和知识进步才是经济增长的关键因素，智力资本是现代经济增长中的最重要因素。

三、信息资源管理的基本特征

（一）信息资源管理的公共性

公共性可以说是公共信息资源管理的本质特征。在整个信息资源运作体系中，公共信息资源管理的对象只针对社会公共信息资源，即一定时期内与社会共同体成员利益密切相关的公共信息，以满足和服务于社会个体成员对信息的普遍性需求。正是由于公共信息资源管理的公共性特征，其必然反映的是社会公共事务、公共议题及与公众生活密切相关的信息报道，信息的管理状况直接关乎每个社会成员的切身利益。事实上，"公共性"构成了公共信息资源管理的最本质概念，只要逻辑上同公共利益密切相关、公共政策的制定与执行、相应的制度安排以及相关的公共事务信息均可列入公共信息资源管理的范畴，并构成公共信息资源管理的范畴体系。

（二）信息资源管理的互动性

互动性是公共信息资源管理的运作特征。随着公共信息资源管理主体的日益多元化，社会成员主体更加积极全程参与和监督公共信息资源管理的运作，这种参与方式和监督方式使公共信息资源管理呈现政府与社会的良性互动。政府以"竞标"和"外包"的方式将公共信息资源的开发和管理转移给社会上的企业运作，此外，政府还鼓励和引导更多社会组织实现社会公共信息资源的自我管理与服务，加快政府电子政务系统的开发和建设，扩大信息共享空间，提高公众信息的辨识能力与获取能力。与此同时，第三部门、企业和社会大众自觉关注和参与公共信息资源的开发和管理，这些"互动性行为"进一步促进了政府公共信息资源管理的效率提高和开放程度。

第二章　档案信息化的实施策略

第一节　档案信息化的实施原则与方法

　　档案信息化就是档案部门运用现代信息技术，加强档案信息资源的收集、整理、开发和利用。其基本内涵包括档案信息利用的网络化、存储的数字化和档案信息管理的标准化。档案信息化建设就是建立档案的信息管理系统，积累、管理和利用数字档案的变革过程，是提升档案管理、流程重组的变新过程，是一个转变观念、创新思维、大胆变革的革新过程。其战略目标就是将科学的、系统的、先进的管理理念运用到档案管理的实践中去，以实现标准化收档、自动化归档、规范化管档、网络化用档，最终达到为社会、为公众提供专业化、个性化和深层次信息服务的目的。

　　实施就是将档案信息化战略、档案信息化规划、档案管理信息系统落实到档案工作中去，用现代化的管理理念、方法和技术来管理档案信息资源，使档案工作者能够利用现代化的管理手段实现对档案的收集、管理和利用，为社会和公众提供信息服务。应用在档案工作中建立和充分发挥档案管理信息系统和软硬件的支撑平台的作用，使现代信息技术真正服务于档案业务，使档案信息资源通过计算机、网络为社会所利用。

　　档案信息化是一个系统的工程，信息技术的应用和网络平台的搭建是手段，数字档案资源的积累和管理是核心，档案信息的开发和利用是目的。档案信息化建设的重要内容就是建立一个标准的、功能强大的、安全稳定的、可拓展的档案管理信息系统，在档案工作中广泛应用。

　　实施与应用档案管理信息系统有三个要素：方法要科学、手段要先进、实施要得当。只有当领导和档案工作者都充分理解和认识档案信息化和档案管理信息系统的必要性、重要性和有效性，期待通过信息化来获得更大的效益时，档案管理信息系统的实施与应用才能实现。

一、实施的原则

在档案信息系统实施的过程中,应该遵循信息化建设总体原则,采取有效的技术性原则以推动系统实施的成功。下面介绍的都是非常有效的几项基本原则。

(一)务实导向,重视实效

系统的实施以安全、稳定、实用、方便、易操为主要目标,过分追求大而全、先进的软件产品,是一种不务实的做法。这主要是由于需求不一样,行业有差别,同时信息技术、软件产品的更新换代非常快,市场上会不断有新产品出现。

(二)软硬件资源共同建设

系统的实施过程中,不仅需要重视硬件平台的建设、设备的购买,更要注重在人力资源和软件系统方面的投资。IT人才、档案工作者是信息化建设的核心力量。软件系统的技术含量、现代化的管理理念更应该重视,只有硬件设施平台是无法开展信息化管理工作的,软件系统是硬件系统发挥作用的心脏,因此软件系统的开发以及升级的投资十分重要。

(三)从实际出发,重视需求

信息系统的实施需要从当前的业务需要出发,提前做好需求分析,并在一定阶段的实施过程中,锁定相对需求来开展实施工作。边研发、边实施、边改变需求的做法只能得到事倍功半的效果。而对于变化较大、新增加的需求,需要放在下一阶段进行。

(四)重视维护,升级换代

随着信息系统的不断应用,档案管理信息系统也在迅速地发展,而其中的难度也在逐步增加,软件系统的安全、客户化定制等工作量比较大,也比较复杂,非专业人员很难做到专业维护。另外,随着应用的不断深入,这就需要加强软件系统的拓展。因此,购买软件系统的同时,需要购买相应的实施、维护服务,以开展有效工作,支持系统拓展和业务的发展。

二、实施的方法

档案信息化系统建设有两种不同的策略和实施方法,即以组织战略为导向的战略推动类型和以实际业务需要为导向的需求驱动型。

（一）战略推动型

战略推动型的实施方法采取的是从整体到局部的实施路线，强调在观念、目标和方向方面达成共识的基础上，逐步将工作分阶段实施，分阶段完成。采用战略驱动型的方法实施的前提是，整体的目标和规划不仅要从全局出发，而且更需要符合档案管理机构的实际需求，既要有行业发展的规划能力，又要有信息化体系的架构能力，需要懂管理、懂业务、懂技术的专业档案管理的复合型人才。

（二）需要驱动型

需要驱动型采取的是从局部到整体的实施路线。这种实施方法强调以当前业务需求为主，先在观念、目标、方向和认识等方面达成共识的基础上，逐步将工作分阶段实现，分步骤完成。采取战略驱动实施方法成功的前提是战略、规划的制定，不仅要从全局的高度出发，而且更需要符合档案管理过程的实际需要，既要有前瞻性、发展性，又要注重当前的使用性；要求制定战略的人员既要有行业发展的能力，又要有对信息化驾驭的能力，需要懂业务、懂管理、懂技术，在档案管理和信息化的建设中有丰富经验的复合型的人才。

真正意义上的"战略驱动"实施方法，并不是不允许在实施过程中坚持"永恒不变"的策略，而是根据实际需要和业务变动的需求进行机制的调整和完善，因战略与规划一旦制定，落实的过程往往需要很长的时间，而信息技术在发展，档案业务也在改进，管理模式在变革。因此，实施的过程中必须根据需求的变化而有所变革。

目前，我国档案信息化建设正在走向标准化和规范化，"战略推动""需求驱动""总体规划""分步实施"成为主流实施策略。各档案管理机构应紧密结合全国档案信息化的发展战略，将档案信息化纳入本单位档案信息化的全局，制定适合本单位业务发展要求的信息化规划和信息系统的实施方案，并且在实施和应用的过程中，将以"务实"为导向的自我调整的策略贯穿于信息化建设的始终。

三、实施的策略

档案信息化建设的目的是档案信息的管理和利用。管理成功与否是信息化成功与否的关键，技术只是为推动现代管理的发展而存在。事实上，信息化源于现代管理的需求，因此信息化的效能源于信息技术与管理、与业务的有机融合和互动发展。所以，更新观念、与时俱进，从档案信息管理的角度应用信息技术是信息化建设的重要手段。

（一）提高认识、需求驱动策略

管理信息系统是实现现代档案管理的一个重要工具和手段，它能给档案管理工作带来多少效益，一方面取决于所选择的管理信息系统是否适合本单位的实际情况并具有先进性，另一方面取决于档案管理人员采取什么样的理念来应用它。更重要的是应充分认识到网络、计算机及档案管理信息系统本身并不是万能的，它需要人们在充分认识的基础上，按照需求驱动原则结合实际工作为它的功能进行准确定位，然后才能更正确地使用它，才能真正发挥计算机的先进作用。

（二）总体规划、分步实施的策略

档案管理信息系统是档案管理信息化的基础，它的应用与实施都必须围绕信息化建设的总体战略规划来进行，因此必须遵守整体规划、分步实施的原则。在实施的过程中，要挑选基础工作做得比较好的部门来进行重点建设，并且将其成功的经验加以推广。

首先强调分步实施一定要从总体规划出发。信息化规划的目的是为信息化实施提供指南，规划与实施之间应是规划先行，实施紧跟其后。在选用应用软件时，就应该从整体的需要出发，避免脱离目标而陷入实际的困境；应该从业务变革出发而不是从技术变革出发，以有利于充分利用组织的现有资源来满足关键需求。不坚持这两项原则很难实现信息资源的综合利用，也无法适应不断变化的社会需求。

另外，总体规划必须科学、务实，对分步实施才能有指导和依据作用。因此，信息化整体规划必须在设计上提供一个高度集成的、统一的、满足信息化管理整体需要的弹性应用框架，才能使分步实施有的放矢。然后是要讲究实施的策略。总体来说，长远规划、重点突破、快速推广是一种有效的策略。应该选择那些需求迫切、能较快实现业务流程整合和现阶段信息化应用较好的领域加以突破。最后是要注意分步实施的系统之间的衔接问题。时间上的分阶段实施要注意前后系统的衔接问题，空间上的分阶段实施则要注意不同单位和部门之间所开发系统的标准化问题。

（三）转变观念、与时俱进的策略

社会信息化建设的不断发展，人们对信息化建设的认识也在不断地深入，人们只有转变陈旧的管理理念，不断地加强自身的综合素养才能跟上时代的发展步伐，这就要求档案管理部门的领导能正确认识到信息化建设的社会效益，同时多给档案管理人员提供学习机会，让更多的人认识到档案信息化的重要性，确保在实施和应用档案信息化系同时做到：领导对档案信息化建设和管理信息系统有足够的理解和指导能力，业务部门的领导能够制定规划并组织实施，档案工作人员能够配合。

（四）抓住机遇、勇于探索的策略

档案信息化建设必须在基本条件具备的情况下才能顺利开展，因此抓住合适的机会开展信息化建设和网络化应用是非常重要的。特别是对于那些正处于采用什么样的方案、选择什么样的软件系统入门的初级用户就更加重要。网络化应用首先是需求驱动的，并且是在档案业务管理比较规范、人员素质较高、业务流程清晰、标准规范严格、基础数据准备充分、网络及设备资源基本具备的情况下才能开展起来。因此，无论是正在开展信息化建设还是正准备开展信息化建设的档案部门，都应抓住时机积极开展，才能取得良好的效果。

看一个单位开展信息化建设的时机是否成熟，主要看它周围的环境因素是否成熟，即人、财、物等方面是否具备，而具体需要什么样的条件，取决于系统实施的内容、范围、应用规模及当前业务的规范程度等。特别是建立网络化的信息系统，涉及的人员比较多，系统的功能相对比较复杂，需要购买和配置数据库的服务器以及文件服务器等，实施的过程也比较复杂，这需要根据实际情况来确定资金、人员和设备、网络资源是否具备条件，同时还要考虑本单位当前业务需要和未来的发展需要，因此制定总体规划是十分必要的，这样可以确定近期和远期的发展目标、系统功能、工作计划、实施的范围、工作的内容、搭建软硬件的环境以及管理人员的培训费用，进行风险分析，确定开展工作的策略和方法。

（五）实行安全的保障体系和专业化服务的策略

在社会信息化的今天，档案信息化建设势在必行，但采用什么样的措施才能保障档案信息在为社会提供服务的同时，保证信息的安全性呢？这里的安全性是指信息不被篡改，不流失。从讲"互联的程度"到与"因特网隔离"等信息安全策略应根据档案的密级、保管方式、加工处理及其存储方式等采取恰当的措施。为了保证安全而采取"一刀切的孤岛式管理"的极端的、片面的安全管理策略是不可取的。特别是在数字化和网络化推广应用后，档案信息管理和维护的工作量比较大，数字化加工的工作量更大，一些单位采取自己加工的方式，结果耗费了大量的人力、物力和财力，而且工期拖得很长，最终是得不偿失的。另一方面是系统的维护问题，包括网络、硬件、操作系统及应用系统都需要专业技术人员进行统一的管理和及时的维护才能保障资源的安全性。针对这种情况，市场上出现了专业的数字化加工、信息化应用服务的新技术公司，对于一些有条件的、信息化工作量大的单位，在制定严密的安全措施和签订保密协议的基础上，委托第三方开展专业化技术服务是当前行之有效的解决办法。

（六）领导主抓的策略

档案信息化的实施与档案管理信息系统的应用几乎涉及本单位所有的工作人员，其中最难的是人的协调，而信息技术部门与业务档案部门之间能够解决的是业务上的沟通、系统上的理解和业务上的操作，但担任不同的职位、承担不同任务的人员在不同角度上对信息化的认识和系统应用是很难达到完全一致的。因此，工作上的不足、思想上的抵触、认识上的缺陷、观念上的差异等将会造成工作无法进行下去，而这些问题特别是人、资金及重要资源等问题，只有拥有权力的——"一把手"管理层，真正"融入"档案信息化的建设过程中，才能有效地解决。许多成功的案例也证明了这一点，只有坚持"一把手"工程，坚持管理层的参与和控制，才能将人力资源落实到位，才能将协调的难度降低，使IT资源达到最佳配置，信息技术才能真正发挥作用，应用系统才能得到深层的应用和广泛的普及。

第二节 档案信息化策略的实施措施

一、需要型措施

档案信息化是社会信息化的重要组成部分，因此它与其他信息化的建设部门有许多相同的地方，为了在信息化的过程中少走弯路，减少失误，我们必须汲取成功者的经验和教训，对自己所选用的档案管理系统有比较深刻的认识，并对本单位的实际需要进行个性化的处理，这是一个行之有效的实施方法，但绝不是直接的照抄照搬。被选用的方案是在充分了解本单位情况的基础上，借鉴其他单位成功与失败的经验教训，选择适合自己的管理系统，来开展本单位的信息化建设，坚决反对照抄照搬的拿来主义，以及过分强调个性习惯又不符合标准，这两种做法都是脱离了实际需要的错误做法，都是不现实的、不可取的。

二、有效化的措施

在档案信息化的实施方法上，要结合本单位的实际情况，比如人才队伍状况以及目前档案工作开展的实际情况，切不可随意倾向任何一种实施方法。在选择实施策略上应依据本单位的技术力量状况，如果本单位的技术力量比较薄弱，就选择现成的软件系统或者对外承包的实施办法，充分利用外在的专业化的资源，不仅能够实现快速实施与应用，还可以降低实施的成本。如果本单位的技术力量较强，建议采取自主与外包相结合的实施方法。对于专业性强、功能复杂、开发周期长的系统，可以采取外包的形式，降低实施成本，提高实施效率，在开发的过程中本单位可以派人参与软件的开发和项目跟踪，了解设计的细节，为交付使用后系统的更新和维护打下良好的基础。对于专业性不强，设计的流程较为简单，开发周期短的系统采取自主开发的方式，这样不仅节约了购买软件的经费，而且在开发的同时培养了技术人才，加强了本单位的技术队伍力量，无形中也培养了本单位的业务骨干。

三、过程化措施

（一）加强宣传过程

使大家充分认识到信息化策略实施是国家信息化策略的重要组成部分，使他们充分认识到信息化的目的和意义，认识到管理的规范化给社会带来的良好的经济效益，认识到落实信息化策略的实施工作不仅是当前形势发展的需要，也是档案信息化建设的需要。

（二）加强培训的过程

加强对工作人员的业务培训，比如计算机技术的培训、档案管理软件的使用培训以及安全技术防范措施的培训。

（三）规划制定过程

根据业务需求进行咨询和总体规划，其中包括信息的安全、资源的需求、系统功能等，可以了解同行业的实施情况，首先咨询公司的规划，然后再针对性地开展工作。

（四）购买软件的过程

在充分调研的基础上，结合本单位的实际情况，选择那些售后服务信誉比较好的大公司以及比较有发展前途的、扩展性好的硬件和软件系统。

（五）选择示范，以点带面

根据工作的实际需要，选择比较重要的部门实施，先树立一个示范的典型，然后以点带面，逐步突破。在成功示范应用的基础上，根据馆内业务的发展需要，逐步把信息化建设扩展到整个单位的每一个部门。

四、安全保障措施

档案信息化是建立在网络软件和信息管理系统的基础上的，但这些也正是引发安全问题的隐患所在。造成黑客攻击、病毒蔓延、信息窃取的问题在于安全架构不科学、制度不健全、管理不规范、措施不到位等因素，其中既有客观的因素也有主观的因素，其中最主要的原因是信息化建设之初，安全意识薄弱，技术方案不成熟，系统的安全保护性能较差。要想在今后信息化的道路上走得更远，我们必须增强防范意识，强调今后在实施信息化的过程中全面设计和考虑安全问题，在今后的管理过程中制定并落实安全方案，加强信息过程的安全管理，对一些机密的档案落实责任到人，并加强安全措施的技术监控，只有增强了安全意识，加强了安全管理的技术保障，才能保障计算机网络和信息系统的安全。

五、落实型策略

档案信息系统的实施与应用过程中最易出现将信息化与业务管理分离开来，认为是两件事情，出现一些极端现象。一种是业务部门照常按照原来的方式开展工作，雇用临时人员来录入数据，档案管理者几乎不关心管理信息系统运行的任何情况，顶多使用查询模块查一下档案的信息；另一种是，业务部门的工作人员仅仅使用很少的一部分功能，如基础信息的录入和查询模块，对于管理信息系统中流程化的管理思想全然不理解；还有些单位花费巨资购买功能强大的信息管理系统，实际操作时仅习惯使用Excel简单的桌面系统，只将已录入的数据导入系统中，满足所谓的数据上网条数检查的需求，而档案信息系统中大量的功能如流程化管理、全文管理和全文检索没有利用起来，几年后系统又将面临拓展、更新甚至淘汰的局面，造成了投资上的浪费和信息资源的损失。实际上应用得不深入本质上是没有将业务管理与信息系统融会贯通，而是隔离开来甚至对立起来，结果花费大量的人力和物力来维护系统和数据，使人成为档案数据的奴隶，没有真正发挥信息技术的作用，反而成为管理人员的负担。

六、兼顾型措施

科学技术的发展使人们越来越考虑人的因素，即"以人为本"的理念越来越受到开发商的重视。随着人们需求的多样化，一些个性化的产品、个性化的界面、个性化的业务流程和功能模块充斥整个市场，这就与档案信息化管理标准的规范化相矛盾。因此，如何认识和处理个性化和标准化之间的关系也是档案管理信息系统实施过程中的一大难题。这个矛盾的解决必须在实施的过程中找到一个既能满足个性化要求，又能满足档案管理规范化的平衡点，才能促进档案业务与信息技术的融会贯通，而选择平衡点的前提是，档案部门应制定适应时代变化的标准和规范，档案工作者也应严格遵守行业规范以开展业务管理工作。个性化则是在标准规范的基础上根据管理需要进行扩充，个人习惯与标准背离应彻底改变。因此，在信息化的过程中，要正确处理标准化与规范化的关系、安全与应用之间的关系，当个性化与标准发生冲突时，应首先考虑标准化的原则，即个性化适应总体化的原则，只有这样才能协调好个性化与标准化的关系，保证信息化建设的顺利进行。

第三节　档案信息化实施的途径与过程

一、档案信息化的实施途径

（一）整体引进模式

这种模式是选择具有丰富经验、信誉比较好的开发商，由其提供或统一购置档案管理商品化的软件及其软硬件设备，由专业化的实施队伍负责项目的完整实施。好的软件一般是有丰富经验的管理专家和高级专业计算机技术人员共同开发的，软件本身蕴含了许多先进的管理思想和手段，针对档案室提供各种功能的模块，这些软件模块为档案流程的优化与重组提供了可借鉴的参考模型，能够在较高的层次上提升档案管理的水平，而且软件已经拥有相当多的用户，经过实际的考验一般都比较成熟与稳定，质量有保证，售后的维护比较有保证，又有利于档案信息系统的更新。但商品软件追求通用化，其功能无论在方位上，还是在深度上，常常使档案管理部门的需求得到部分满足，但系统的实用性不强，更难以形成特色。在具体的实施过程中，单纯依靠软件的提供商可能出现用户过分按照软件提供的立项模式行事，而忽视档案管理的具体实际，或软件提供商过分依从用户的所谓特色，造成软件的先进性、通用性消失。另外，这种模式由于没有源程序代码，给系统的后期维护和二次开发造成一定的困难。

（二）自主开发的模式

采取自主研发模式的单位一般是本单位的技术力量较强，具备较强的软件开发实力，这种研发的模式一般是单位自己根据档案业务管理的需求进行定制开发，并随着业务的不断开展，对系统不断进行完善和改进。此模式适合业务比较特殊和有特殊需要的档案部门。这种研发模式的优点是能够充分考虑本单位的业务工作需要，针对性强，系统实施相对比较容易，可以考虑到本单位使用的细节问题，其风险较小，可以培养自己的研发队伍，对于今后的系统维护和更新都能及时到位。缺点是由于大多数档案管理队伍的结构不合理，往往是业务人员多，技术人员少，尤其是高技术的系统开发人员更少，而技术人员不仅要开发系统，还要跟踪现代信息技术的发展，进行系统的维护，考虑系统的安全备份等问题。并且自主研发的工作量较大，开发的周期较长，相对成本比较高，并且自主开发人员不是专门的研发公司人员，在系统的开发过程中，与社会上的先进软件相比具有一定的局限性。

（三）对外承包的开发模式

采取这种研发模式的单位一般是资金比较雄厚的单位。采取的方法是购买社会上开发好的现成软件，或者选择一家软件公司，按档案业务实际需求定制开发，也就是说把档案信息系统的开发工作对外承包出去。这种模式对于档案部门的工作人员要求不高，在数据的备份和系统的维护方面主要是聘用专业的技术人员来做，或是委托给专业的公司。

这种方案适用于业务比较简单的档案馆（室），它的优点是充分利用了外部IT公司的力量，开发的时间较短，降低了开发的成本；缺点是不注重培养自己的研发队伍，而研发单位的人员不熟悉档案业务，开发系统的实用性较差，而档案机构人员对信息技术的认识不充分，很难提出比较好的建议，难以对开发单位的需求和设计资料进行准确的评价，往往使用的过程中才有较为准确的需求，给实施完成后的正常的运行带来困难，同时也浪费了资金。为了解决开发与使用之间的矛盾，档案部门在选择开发机构时应选择具有档案信息化解决方案的专业开发商，注重考察该公司的咨询和售后开发能力，要求他们不仅有咨询能力，还要有一定的培训能力，促进档案管理人员尽快理解和掌握系统的管理思想和应用模式，还需要提供长久的系统更新能力和良好的售后服务能力。

（四）外包与自主开发相结合的模式

这种模式也称为混合型模式，即信息化的项目在档案机构立项，委托第三方公司在其商品化软件的基础上，针对本单位的档案业务现状和业务发展需要进行客户化的定制和开发。采用此类模式的档案部门一般来说基础条件较好，资金比较充足，这种模式也是目前档案管理采用较多的一种方式。这种模式的优势在于由开发商解决技术难点，对开发过程进行科学的安排和严格的控制，这样既解决了档案机构开发队伍经验少、技术力量薄弱的问题，又为档案部门培养了懂业务、懂技术、懂管理的复合型人才。同时，档案管理机构还可以拥有信息系统的知识产权，更重要的是软件的开发切合用户的实际要求，系统未来的运行和维护也有保障。目前规模较大的综合档案管理机构大多采用此种模式，事实证明这种混合型的实施模式还是目前比较理想的运行模式。

二、档案信息化实施的过程

实施过程是在国家信息化政策的总体规划下，按照信息化建设的整体要求，来确定档案信息化建设的战略目标、总体规划，在人员、技术、资金、环境等各类资源已经具备的情况下，开展档案信息化建设与档案信息管理系统的应用。

（一）正确理解国家信息化战略与档案信息化之间的关系

要正确理解国家信息化战略与档案信息化建设的关系。国家档案信息化战略是档案信息化目标、远景以及职能的拓展、业务流程的转变的完整融合，它描述了档案信息化的目标与方向、信息体系结构、技术路线、操作方法、信息化过程的内部操作标准、软件系统的评估方法和考核的指标体系等众多"软性"的规划和策略。

要正确理解档案信息化规划与信息系统规划之间的关系。信息化工作实际上是信息化战略的执行过程，它所研究的内容与信息化的战略有非常大的相关性，战略体系下的具体软硬件系统设计过程，是在信息化战略的指导下，分解总体目标，针对不同的业务内容、工作流程提出功能模式，做出系统建设的成本预算，制订系统的实施计划，确定系统的组织、管理、选型方案、评估标准和过程控制方法。

总之，系统实施是信息化建设的重要内容，是完成系统建设并投入使用的关键业务过程。其成功实施标志着信息化战略与规划决策的正确性，也标志着信息化进入实质性的运行阶段。

（二）从思想上充分认识档案信息化建设的艰巨性和复杂性

档案信息化建设是一项历时较长、涉及面广、内容复杂的系统工程。而档案管理信息系统的实施与应用，是以档案业务为核心，以计算机技术、网络技术、信息技术为手段，以现代管理为指导，以提高档案的利用率和利用价值为宗旨而开展的一项划时代的业务革命。档案信息化的实施与应用是涵盖计算机工程学、项目管理学、档案管理学、信息技术等多学科知识在内的系统化应用工程，在应用和实施的过程中严格遵循软件项目管理的先进理念，并将多种学科知识融会贯通到档案管理信息系统实施与应用的每一个环节，这就要求参与档案管理的所有人员，特别是信息化项目的主要责任人，必须从思想上认识到信息化建设的艰巨性和复杂性，在思想上、认识上和行动上做好迎接挑战的准备。

第一，要从思想上充分认识到信息化是一项具有划时代意义的新型工作。其最终的目的是提高档案的现代化管理水平，挖掘档案的价值，提高全民族的素养，推动社会进步和改变经济增长的模式，适应信息社会发展的需要。充分认识到档案信息化带来巨大的社会效益和经济效益的同时，也给各级领导和基层的工作人员带来工作上的方便性和灵活性，使每个从事档案工作的人员都真正成为信息化的受益者，从而达到统一思想、统一认识的目的，确保档案信息化工作的顺利开展。

第二，加强档案管理业务的学习。信息系统的应用是实现档案信息化的基本手段，其一切活动的开展必须服从档案业务的全过程和未来信息发展的需要，信息系统的应用要求档案工作者必须是懂业务、懂技术的复合型人才。如果说信息专业技术人员将软件系统设计完成后，仍然对档案业务及其知识一无所知，对档案管理流程含糊不清，那么他所设计的系统一定无法使用。因此，档案技术人员在开展信息系统的基础工作时，必须加强对档案管理业务的学习，在了解、熟悉、分析和发展档案业务和档案学基础知识的基础上，综合运用档案学、信息技术、计算机技术、网络技术等知识，加强对档案管理的理论、原则、策略、方法等内容的进一步探讨与研究。

第三，加强网络信息技术的培训。在信息化的今天，档案管理人员必须通过加强网络技术知识的学习，来提高自身的管理水平。档案信息化是一个复杂的系统工程，其过程包括可行性的论证、系统的规划、详细的设计、编码、实施、应用和持续性的维护等多个阶段，每个阶段都涉及多方面的技术知识的渗透、融合与综合利用。同时，整个信息化的建设过程也是一个不断完善和逐步发展的过程，所有参与人员无论是管理人员、操作人员、系统设计、系统开发和应用实施人员都必须了解和清楚各个环节的紧密关系和各个业务功能模块的来龙去脉，重点掌握自己业务范围内所操作的系统功能模块的基础知识，才能使整个系统顺利运行并不断得到应用和完善。

第四，加强档案信息资源的建设工作。档案信息化建设涉及的内容非常广泛，而且这些内容会随着社会的不断进步发展而不断丰富，档案信息化建设面临的任务很艰巨，困难也很多，因此我们要有重点地突破，把信息资源的建设当作核心工作来抓，形成以点带面的良好局面。在信息已成为重要的社会资源的今天，档案信息作为一种原生信息，正发挥着越来越重要的作用，把国家的档案资源建设好是档案工作的中心任务。

这项工作主要包括三方面的内容：①要加快现有档案馆藏文件级目录数据库和全文数据库的建设，以满足快速检索的需要，要加快现有档案目录的整理、著录和建库工作；②有条件的档案部门，要积极推进那些重要的、容易受损的、利用频率高的档案数字化进程，加强重要档案的保护，提高档案的利用率；③对新产生的电子文档，要采取科学的管理方法和现代技术手段，收集好、管理好。随着信息技术和电子政务的不断发展，电子文件将是未来数字档案信息新的主要来源。管理好、利用好电子文件将是档案工作在信息化时代的一项至关重要的任务和面临的重要课题。各级档案部门要积极介入本地区、本部门电子文件的产生过程，加强对电子文件的积累、鉴定、著录、归档等环节的监督、指导，保证归档电子文件的真实、完整、有效。

第五，不断地提高档案信息化的服务水平。档案管理工作是一项服务性的工作，它的根本任务是为国家建设和社会的发展提供可靠的信息服务，在信息资源共享成为社会发展趋势的背景下，档案信息资源因其独特的价值而日益受到社会的关注，档案信息资源的社会共享已成为国家档案事业适应社会信息化发展潮流所亟待研究的重大课题之一。随着社会经济的不断发展，社会信息意识不断增强，为信息资源的社会共享提供了良好的发展空间。新时期档案工作应做到：经济建设发展到哪里，档案工作就延伸到哪里；政治建设发展到什么阶段，档案工作就服务到什么阶段；文化建设发展到什么水平，档案工作就服务到什么水平；党的建设对档案工作提出什么要求，档案工作就提供什么服务。为了更好地实现档案信息化建设的目标，我们应根据社会信息化的客观趋势，在不断优化传统的档案服务方式的基础上，与时俱进地促进档案工作的创新。要实现档案服务方式的创新就必须更新服务理念，整合档案资源，兼顾需要与可能，创新档案服务模式，实现档案服务工作质的飞跃，使档案信息资源的社会化共享逐渐由理想变成现实。

第六，安全保障体系的建设。档案作为人类历史的记忆和现实工作的支撑，其信息的安全性至关重要。因此，在管理信息系统实施与应用的过程中，应保证档案信息不流失到非保管单位和个人，应确保档案信息安全并可读取，应确保档案信息分权限管理和分权限查询、浏览及检索利用。这不仅仅需要对档案管理信息系统提出安全保障要求，更重要的是实施单位的安全管理措施和安全管理方法要得当。

安全保障体系的建设是档案信息化建设的重要内容之一，各级档案部门在开发利用档案信息资源和网络系统建设工作中，必须增强信息安全意识，防止失密、泄密以及档案丢失现象。要保证信息的安全，首先要加强安全保密技术的应用。依靠先进的技术手段，在档案网络技术建设中，必须充分应用信息安全保密技术，解决档案信息传输与存储安全保密问题。其次是要建立完善的保密制度。各级档案部门在信息化建设的过程中必须制定针对性强、操作性好的信息安全保密规定，确保档案信息的安全。最后是要建立严格的管理制度。各级档案管理部门要加强档案著录标引、数字化转换、档案网络信息公布等过程中的安全管理，实行安全责任制。非公开的档案信息一律不准在网上提供，已公开的档案目录或全文查询服务，要认真采取安全防护措施，实行严格的授权管理体系，确保档案信息和系统的安全。

我们要把档案安全问题提到议事日程上来，任何时候都不能有丝毫懈怠，越是在信息化程度日益提高的情况下，越要全面兼顾档案的实体安全和信息安全。要严格执行档案安全保管的责任制度，杜绝一切事故的隐患。严把档案利用审查关，不该提供的档案坚决不能提供；要严格执行"三网"隔离制度，采取可靠的防范技术和措施，确保档案部门的网络信息安全，对面向公众的网上信息进行严格的审查，确保网上信息的安全性。

（三）加强资源建设

1.人才资源建设

档案信息化管理系统改变了传统的手工操作方法，因此对档案管理人员的整体要求比传统的管理要高，因为它的应用要涉及许多方面的知识，需要有变革的管理思路。这就要求档案管理机构首先转变管理理念，档案管理信息系统本身就蕴含着现代管理思想，比如归档流程的自动化、信息著录的标准化以及信息著录的一致性、系统集成等现代管理理念。它的成功应用是在对其进行深刻理解的基础上才能见到的明显效果，这不仅要求决策者，而且要求业务人员能够接受和理解。其次是在认识上的转变。档案管理者应充分认识到网络化应用带来方便的同时也带来一些新的问题，认识到提高档案管理信息系统是提高业务服务效率与质量的手段，认识到资源共享的重要性，认识到需要不断地学习新的知识，认识到有了档案管理系统做助手档案业务人员才能将工作的重心转移到钻研业务、深层次管理开发利用上。总之，是要建立一支既熟悉档案业务又懂信息技术的人才队伍，不断提高档案部门的人员素质。一方面应通过实施各种培训、提供各种学习条件使档案管理工作人员能够很快熟悉并掌握信息技术的理念、方法和思路；另一方面应大胆引进信息技术、网络技术等方面的人才，信息技术融入档案业务管理中，真正做到业务技术双精通，做到各尽其用。

2. 信息资源建设

网络环境的核心资源是档案的数据和信息，它们是网络环境的基础资源，离开了这些基础资源，网络信息化就成了无源之水。在实际运行的过程中，不是所有的档案部门都能重视这些基本资源的建设，有一些单位在实施规划甚至已经购买了设备和软件后，还未将档案的目录进行整理，系统就被淘汰了，更不用说电子文件的管理了。因此，各单位在建设网络环境之前，必须将基础数据录入档案专用服务器中，建立分类数据库，为以后应用网络管理系统打下良好的基础。在数据信息录入的过程中必须遵循标准化、规范化的原则，这也是国家对档案信息化建设的基本要求，但并不是所有的信息化单位都能够做到，在一些使用单机版的单位，档案数据在遵循标准和规范方面离国家规定的档案管理目标还有很大的差距。因此，在进入网络化管理信息系统时，必须提前做好录入数据的规范性工作。

数据的整合也是网络化之前必须要做的工作之一。数据的整合就是按照标准、规范以及网络化资源共享的要求，将同类和相关数据进行整合，将数据字段整理出来，进行合理的分类，也就是将原来独立存在的数据进行分类整合，并抽取其中规范的数据字段以方便统计，这项工作也是档案信息资源建设的基础工作。

3. 安全资源建设

一个安全、稳定、可靠的信息系统，是顺利开展工作的可靠保证。网络版的档案管理信息系统必定需要支持网络化应用的数据库管理系统，目前有的解决方案只将档案目录信息存储在关系性数据库中，而将电子文件全文存储在文件服务器中，这样又多了一层数据管理，这些数据一旦出问题，系统也就失去了存在的意义，因此必须制定相应的档案管理信息系统的安全保障措施，才能保证档案信息的安全和信息系统的安全，才能保证信息化战略的顺利实施。

4. 设备资源建设

网络是信息化的基础设施，拥有一套可靠、稳定、安全的网络设备是档案信息化的基本保证。由于使用单位的情况各不相同，因此在建立本单位的网络体系时应根据实际需求状况和本单位的发展需要，构建适合自己的网络运行环境，这样既能保证目前的正常使用，又能为将来的网络扩展创造条件。

　　一般来说，网络布线、端口设计、设备摆放等网络基础设施的建设，在设计建楼时已经考虑到并予以实施，但在使用的过程中也会随着需求的不断变化而逐步调整。对于网络设备的购买，最主要的是结合本单位的实际需要，在购买的过程中一定要严把质量关，确保购买的设备是先进的、合格的产品，绝不能为了贪图便宜以次充好，造成工作过程中故障频发，那样就得不偿失了。最后是警钟长鸣的安全问题。一般来说，网关、防火墙、入侵检测等安全产品是网络安全保证的基本需要，如果将本单位的计算机接入 Internet 而没有采取任何的保障措施，那是非常危险的做法，也是违背安全保证工作条例的。

第四节　档案信息化系统实施的步骤

一、与信息系统实施有关的基本要素

（一）项目组织

　　项目组织与团队建设是项目启动工作的重要内容，也是决定整个项目能否成功的关键因素，每一个项目的实施，都涉及多方面的组织或个人的参与。为了确保项目的进度，把好项目的质量关，控制项目的资金投入，监理方通常被聘请来全面监督项目的执行，因此项目的实施至少会涉及建设方、用户方和监理方三方的利益。

1. 建设方

　　承担信息系统建设的集成商或软件系统的开发商，其职责是提供商品化产品，为客户提供信息化的解决方案，根据需要进行客户化定制、实施、操作等工作，以及实施软件系统并开展必要的咨询和培训等工作。

2. 用户方

　　客户是项目承担的主要对象，是档案信息系统实施与使用的最终机构。其主要的职责是根据自己的需要设立项目，并选择供应商、开发商及软硬件产品。客户是项目的出资方，也是项目成果的使用商，是最终的项目受益者。

3. 监理方

　　客户出资聘请的项目实施顾问和项目建设质量的监督方对客户负责。其主要的

职责是监督和控制整个系统的进度、成本、质量等风险的综合要素，维护用户的权益，降低系统建设的成本和风险，提高系统实施的成功率。

总之，项目的成功开发，需要协调这些利益相关者之间的关系，选择平衡点，最大限度地调动所有参与者的积极性，减少项目实施过程中的阻力。

（二）项目团队

项目的开发需要人才，这就需要建立一个强有力的工作团队，并有组织地展开建设。项目团队涉及的面很广，几乎包括了所有的项目相关者，在项目实施的每个阶段也将组织相关团体。在项目启动前成立项目委员会来分析项目的可行性，而在项目的执行过程中，项目经理就起着举足轻重的作用。

当前，在我国开展档案的信息化建设基本形成了两套体系：一套是开展信息化建设和运行维护的信息管理组织体系；另一套是当前已经存在的行政及业务管理组织体系。其主要原因是业务管理和信息化应用没有真正融为一体，在业务管理和信息化的应用上存在着观念和认识上的差异。立项的管理模式是二者合二为一，这就要求档案管理的领导者是既懂档案业务又懂信息化业务的现代管理复合型人才，要求信息化管理机构中的每一个员工都要把档案业务和信息化管理结合起来开展工作。

（三）项目资源

资源内容很广，它包括自然资源、内部资源、外部资源、有形资源和无形资源。这里所强调的资源不仅包括支持项目开发的人力资源、资金资源、技术资源、环境资源，也包括档案信息化建设过程中将不断产生的IT资源，如网络、服务器等硬件设备，操作系统、应用系统等软件资源，同时还包括档案信息资源。因此，要求我们不但要管好、用好能看得见的设备资源，也要学会管好、用好软资源。项目开发的不同阶段，资源的需求在不断地变化，有些资源用完要及时追加，任何资源积压、滞留或短缺都会给项目带来损失，各类资源的合理、高效使用对项目管理尤为重要。

（四）项目的进展

项目的进展情况需要根据项目的目标要求来制定，然后才能具体落实和实施。这些计划的制订对供应商、开发商以及档案管理人员的工作进度都有明确的要求。事实上，在档案信息化建设的过程中，由于档案机构内部人员的不配合、工作繁忙、需求变化等因素影响项目进度的情况比较常见，因此，项目在实施的过程中，每一个参与此项工作的人员都要明确自己的职责、进度要求，只有这样才能保证项目的顺利进行。

（五）项目的质量

质量在信息系统的管理中起着举足轻重的作用，它的好坏直接关系着档案管理机构的根本利益，同时也影响着供应商和开发商的声誉，应该说参与项目的每一个成员都希望获得高质量的实施效果。在信息化的过程中，要想保证产品的质量，就必须严把质量关，严把过程的质量监控，落实阶段目标，只有保证了每个阶段的质量，才有可能保证最终的质量。另外，由于参与项目的多方机构和人员对信息化项目的认知程度很难达到完全统一，质量的标准也不完全一样，即使用户在当前满意，也可能在短时间内满意度就会改变。因此，加强开发商与用户的沟通、交流，达成共识是保证项目质量的有效方法。

二、系统规划

系统规划是项目工作具有前瞻性、全局性和关键性的第一步，档案信息化建设的高层行政管理人员和高层信息管理人员是系统规划的主要成员，其主要任务是确定系统实施的目标、系统的体系结构、系统实施方案和实施过程的资源计划。因此，参与系统规划的人员对档案业务、现代化管理和信息技术的掌握程度以及他们的创新精神和务实态度是有效开展系统规划的基础。

系统规划阶段所做的主要工作有：工作团队的组织、系统实施的进程计划、信息系统部署方案的确定以及资金的分配使用方案，还包括人力资源、行政管理、技术支持的协同以及对项目实施过程的风险评估。

三、系统的开发

系统开发是信息系统建设工作的核心，这一阶段的工作是由承担信息化建设的软件供应商来完成的。档案馆工作者的主要任务是提出目标阶段的需求，档案馆的技术支持人员则在业务工作者和开发人员之间起到沟通桥梁的作用，并解决系统开发过程中的问题。

分析市场的需要是项目开发的最终目的。因此，项目开发的基本任务是了解市场需要什么样的软件系统，软件系统具有什么样的功能，这些功能的优缺点是什么，等等。尽管项目在启动时已经确立了系统的目标，但这个目标相对来说是宏观的，具体细节的内容并不明确，因此明确需要将会对目标系统提出完整、准确、具体的要求。需要分析阶段主要涉及三类人员：即档案业务的管理人员、管理信息系统的研发人员、系统的实施人员，这一阶段的主要任务是加强沟通和交流。这一阶段对档案管理人员的要求是能够准确描述当前及未来业务的发展需要，系统分析并能够准确理解、认识业务的需求，必要时可以借助自身的工作经验对客户进行启发和诱导，让他们说出自身更深层次的业务需要，从而指导今后的开发工作。需求阶段的工作内容主要包括以下几个方面：

（一）组织结构的调研与分析

了解用户单位当前的机构设置与管理模式，充分分析其利用的合理性、完整性及运作的有效性，用以确定信息系统的体系结构，包括系统的运行结构、功能框架结构和系统的总体部署方案。

（二）对实际需要的调研分析

以用户的需要为出发点，充分考虑用户对软件的实际需要，编写满足用户需求的规格说明书以及用户手册，对目标系统外部行为的完整描述，需求验证的标准，用户对系统的性能、质量、可维护性等方面的要求以及用户界面描述和目标系统的使用方法等。

（三）信息化现状的调研分析

在充分调研的基础上，了解归档单位与档案馆目前的硬件和软件运行环境、当前应用系统的使用情况、当前的数据格式和数据规范性、数据处理的方式等，分析需求开发的继承接口系统的内容和功能、数据迁移和数据导入导出的需求，确定进行二次开发和进行系统实施过程中的具体工作和任务以及软硬件系统的需求。

（四）对需求的检验过程系统分析

我们所做的需求信息的获取、需求的分析以及编写需求规格、需求说明等工作是相互渗透、增量并行和连续反复的，其工作的过程主要包括以下几个方面：首先是系统分析员和档案业务管理员开展的面对面的交流，记录用户提供的信息，即开展信息的获取活动。其次是系统分析人员对获得的信息进行分析归类，并对客户的需求同可能的软件需求相联系，也就是开展需求分析活动。再次是系统分析人员对档案业务需求信息进行结构化的分解，编写成文档和示意图，形成需求规格和说明书。最后由组织档案管理业务的代表评审文档并纠正错误，完成需求的验证工作。以上几个过程是由浅入深、循环往复渗透到客户业务系统的各个环节，贯穿于客户业务系统的各个环节，并贯穿于需求分析的整个工作过程，直到双方对目标系统的功能、流程、接口、数据、操作等多方面达成共识后，需求分析阶段的任务就结束了。

四、系统的设计

系统的设计是基于对需求分析的工作成果,对于系统做深层次的功能分析实现流程设计,分析总结出行之有效的系统实施方案,使整个项目在逻辑上和物理上得到良好的实现,从而实现对最终目标系统的准确架构。

(一)系统的设计

软件系统设计的首要任务是体系结构的设计,在此设计的基础上逐步完成详细的设计工作,把设计的风险降到最低。虽然一个良好的软件结构不一定能产生令人满意的软件,但一个非常差的软件结构设计,一定会导致软件项目的失败。因此,我们应高度重视软件的设计工作。

(二)软件的编码

编码就是软件系统实例化的具体过程。在完成系统分析和设计工作之后,信息系统运行结构、模块结构和数据组成已基本确定,下面的工作就是把系统设计的结果翻译成某种程序设计的语言编写的程序以及信息系统代码编写的具体工作。这一阶段的任务是将需求分析和系统设计的结果与内容转换为用户需要的实际应用过程。

(三)系统的自测

软件的测试是系统开发过程中非常重要的环节,是系统实施阶段的一项重要工作,开发人员进行系统自测试的目的是尽可能地发现和修改系统设计和系统编码中的错误,开发人员自测试阶段发现的问题越多,交付的目标系统的质量就越高,后期纠错型的维护工作就越少。在实施和应用档案管理信息系统时,软件开发的执行人因项目的开展方式不同而有所区别,如果是自主研发的,则是本单位内部技术人员在开展系统设计、软件的编码和测试工作;如果采用购买商品化的软件实施方案,则一般的供应商已经根据档案业务的共性和标准流程开发出管理信息系统的原型产品,本阶段的主要工作是用户熟悉和使用商家产品,更多的是按照自己的需求对系统进行功能、性能等方面的测试,最终确定商家的产品是否满足目标系统的要求;如果采用自主开发和商品化应用相结合的方式,也同样执行以上三个环节的内容,并对商家提供的产品原型进行改造,来适应本单位业务管理的需要。

五、系统的实施

系统实施的主要任务就是软件系统的客户化定制,这一时期的主要任务是建立能满足需要的软件系统。其工作的内容主要包括客户化的定制、系统的测试、系统的试运行,另外还包括数据的导入与客户的培训等。系统实施阶段主要包括以下三方面的任务。

(一)对软件系统的针对性定制

主要包括四项内容:一是框架定义,即根据用户的业务需求建立系统总体框架结构,比如按照档案的门类进行系统分类,或者按照信息分类方式,或者按照用户自己的管理方式进行分类定制;二是数据库结构定义,即按照每一个档案门类确定逐字段的属性、操作方式等;三是业务流程的定义,即按照用户对档案业务流程定义系统的功能;四是用户模型定义,即按照实施单位用户操作系统的功能和数据权限建立用户模型并授予其操作权限。

(二)数据的整合

在系统的使用过程中,数据的迁移、载入等工作是需要软件的供应商来帮助完成的,而用户单位的主要工作是定制数据的管理规则,严把实施过程关,并建立严格的档案保密措施,保证档案信息的安全。这一内容是实施过程中工作量较大的部分,是最容易被忽略的部分,同时也是最容易出现问题的部分。档案管理部门应充分认识到这一点,并在实际工作中对此引起足够的重视。如果原有的数据不能安装到系统中,新系统的实施工作就等于失败了。

(三)系统的检测试用

当客户定制了新的软件系统,并把原有的数据迁移、装载完成后,一个新的应用系统就算建立起来了。在这一工作完成的过程中,首先由供应商或软件开发人员对系统的原型进行全面的测试,测试的过程中一定要按照软件的要求严格测试,由建立单位严格把关,并从专家的角度提出测试意见和改进意见,最后由用户单位的档案管理人员根据最初双方提出的分析报告中规定的系统功能进行测试,如果测试没有问题则进入试运行阶段。对用户来说,试用和测试新软件的过程非常重要,它不但是检验软件系统的过程,同时也是对一个系统的学习、理解和接受先进管理理念的过程,要求所有的用户积极地参与,并提出合理的建议,以便软件开发商对软件中不合理的部分及时改进,通过不断地升级更新,试运行一段时间后确定一个用户系统运行的版本,达到最终满足用户需要的目的。

六、系统的应用和培训

（一）对管理人员的培训

根据档案管理系统对各类管理人员的要求，结合用户对计算机操作系统、网络知识、数据库知识的掌握程度，对信息系统的管理人员的工作内容进行分期培训，以适应新系统对档案用户的要求。

（二）系统的操作培训

结合档案信息化的用户操作手册，对用户进行针对性的培训，确保每个用户都能够在自己的权限范围内完成正常的系统与业务操作。对业务人员的培训完成后，要进行上岗前的考试，其目的是督促其掌握培训内容。在系统各级操作人员对应掌握的内容都掌握后，用备份的数据库文件替换用户培训时使用的数据库文件，使系统投入试运行。

（三）系统信息的归档

一是整理此次系统实施的架构模型，特别是基础数据表、工作流程，形成本单位独有的系统运行模式，并将本单位的数据库结构进行拷贝，进行归档，以备未来使用；二是建立客户信息档案，将其基本信息实施情况、使用系统版本情况等进行归档，同时将数据库结构一同刻录成光盘进行归档，为以后系统的升级维护奠定基础。

（四）系统的实施切换

当用户得到一个可以真正接受的系统后，就可以实施系统的正式切换，也就是说可以正式利用新系统开展工作，为了保证数据的准确性以及防止数据的流失，在应用新系统开始工作时不应急于将原有的系统毁掉，应在使用新系统后继续保留一段时间，在确保没有丢失数据后再彻底停止对原有数据的使用。在系统切换的过程中，一定要将系统试运行阶段的部分数据及时装载到新系统中。

七、系统的检测和验收

档案信息系统项目的验收标志着该系统已经得到用户的认可，同时也标志着实施工作将要结束。在这一阶段项目实施单位的工作内容有：①在此项目实施的过程中一些特殊性的信息资料，如增加了新的档案类型的数据库模板、增加了新的功能模块等，要及时进行整理，以便归档。整理可以作为项目验收依据的相关资料，比如使用说明书、变更登记、用户手册等。②编写项目验收的文档，结合项目合同和需求说明书的内容，整理出验收的内容以及目前的运行情况及验收的标准。这一阶段客户方的主要工作内容有：①成立项目机构，其主要职责是验收申请报告、项目的合同、系统试运行报告、需求说明书等材料，结合系统现场使用的情况和递交给用户的资料情况，检查实施工作是否达到了合同中规定的要求。②进行项目的验收。由项目验收机构对系统实施的现场进行实地考察，检查各项实施工作。如果各项工作都已达到了合同的要求，即可以验收通过；对于不符合要求的项目要提出改进和完善的建议。

八、对实施系统的评价

档案信息系统投入使用并运行一段时间后，用户和开发商可根据双方的合作协议及共同认可的需求分析报告、系统设计方案及相关要求，对系统进行综合分析与评价。评价的内容主要从实用与适用的程度，分析较之以前手工管理方式效率是否有明显的提高，目前已解决了哪些问题，使用是否方便，是否达到了预期的效果。如果与最初设定的目标相差甚远，尽管满足了一些实用功能的要求，也不能算是有效的实施。

当然，在最初设定阶段目标时，也应该采取由小及大的方法，不断扩大成果的应用范围。一般情况下衡量管理信息系统是否成功主要有五种情况：

第一，档案信息系统实施完全成功，即指项目的各项指标都已经完全实现或超过了预期设定的目标。

第二，档案信息系统的实施是成功的，即项目的大部分目标已经实现，基本上达到了预期的要求。

第三，档案信息系统的实施只有部分成功，即项目实施实现了原定的部分指标，没有达到预期的目的。

第四，档案信息系统的实施是不成功的，即项目实现的目标非常有限，根本没有达到预期的目标。

第五，档案信息系统的实施是失败的，即项目的目标没有实现，必须终止项目。

总之，对档案信息系统的评价结论是档案工作者应该十分重视的工作之一，应当从评价信息中获得档案管理信息系统实施过程中的经验和教训，提高今后系统建设的成功率，从而提升档案管理信息系统的时效性。

第三章 档案信息化管理与建设的理论基础

第一节 档案信息化管理与建设的目标

档案信息化的管理与建设目标是根据国家对档案信息化建设的基本要求，在国家宏观政策指导下建立起来的，它主要包括以下几方面的内容：按照电子政务总体建设的要求，实施电子档案工程；依托局域网、公务网和互联网，推进档案数据库建设和办公自动化建设；推进档案事业持续、快速、健康地发展，力争使我国档案信息化建设总体水平接近先进档案馆水平。

一、加强档案信息化建设的基础工作

国家对档案信息化建设的基础工作非常重视，"随着信息技术在世界范围内的健康发展，特别是互联网技术的普及和应用，电子政务的发展正成为现代信息化的最重要的领域之一"。国内外有关电子政务的提法很多，如电子政府、虚拟政府、数字政府、政务工作信息化等，其宗旨是各级政府部门运用现代信息技术和网络技术进行办公，实现政府组织结构和工作流程的重组优化，为社会公众和自身提供一体化的管理和服务。档案馆所收藏的档案信息历来以政府信息为主题，因此电子政务必然与档案信息化有密切的关系。从促进电子政务完善发展的角度考虑，档案信息化建设作为国家信息化建设的重要组成部分，它的目标、任务和原则应在国家信息化战略目标的要求下，结合档案部门的实际情况和工作需要来制定。档案信息化建设的基础工作包含的内容很多，概括起来主要有以下几个方面：

（1）硬件基础设施建设。随着电子政务业务的普及和人们认识程度的不断深入，人们对电子政务建设的要求也越来越高。为了适应电子政务建设的需要，各级档案管理部门应加大力度提高计算机的普及率，加强对档案管理人员的技术培训，用现代的计算机管理代替传统的手工管理，添置各种必需的服务器和客户PC机。各级档

案管理部门还应配置保证局域网、公务网和互联网安全运行的网络设备和存储设备，购买满足档案数字化需要的配套设备。

（2）加强数据库建设。随着电子政务的不断发展，各级档案管理部门必须根据电子政务建设的要求，建设用户的档案检索系统，而档案数据库是档案计算机检索系统的核心部分。各地档案管理部门应坚持资源数据共享的原则，不断加强数据库建设，提供更高层次的数据库管理方式，满足不同层次用户对信息数据的需求。

（3）加强网络环境建设。网络环境建设是档案信息化建设基础工作的重要内容，它包括局域网、公务网和互联网建设。要在信息化的建设中实现"三网并进"的战略，就必须做到如下两个方面：首先，依托局域网建设，带动档案管理各个环节的办公自动化建设，尤其是档案利用服务窗口建设，档案管理的局域网应纳入本地区的局域网信息管理系统，与本地区的公务网、政务网、政府网站同步。其次，各专业、部门、企事业档案馆的网络建设要纳入本系统、本单位办公自动化和业务管理系统。依托公务网、政务网的建设实现电子目录、电子文件数据的接收和传送，依托档案网站的建设，实现档案馆之间的互联互通，从而提高档案资源的利用效率，最大限度地实现档案资源的利用价值。

二、实现档案资源的整体规划和综合利用

档案管理部门应在"加强统筹规划，促进综合利用，避免盲目发展"的思想指导下，制定档案信息化的整体规划，最大限度地实现档案资源的综合利用。按照"统一、通用、科学、标准、共享"的原则要求，积极推进应用先进的计算机管理软件。按照国家电子政务的基本要求，加强档案计算机管理系统和办公自动化管理系统的衔接和融合，广泛应用文档一体化管理系统；逐步健全档案网站，不断丰富网站内容，有计划地开放数据库，提供网上查询和利用服务，并逐步增加交互式的网上办事功能；加快使用率高的专题数据库建设，不断增加档案信息资源的数量，加快查阅率相对较高的专题数据库建设，不断扩大数据来源和规模，最大限度地实现档案资源的综合利用。

三、实现档案信息资源的社会共享

档案信息资源作为社会信息的基础资源，已经成为衡量档案馆综合实力的一个重要标志，也是档案馆融入社会，提供公共服务的资本。如果把档案网络环境比作道路交通设施，把档案馆计算机软硬件当作交通工具，档案信息资源就好比亟待流

通的"货物",因此档案资源建设是档案信息化建设的核心,它包括各种载体的档案资料,特别是电子档案的收集、档案馆馆藏资料的数字化和档案信息资源共享体系的建设。它主要包括以下三方面的内容:

(一)电子档案的归档

随着电子政务的不断发展,大量的电子档案和电子目录是今后档案信息的主要增长点,同时也是档案信息资源建设的源头之一。从档案信息化建设的长远考虑,各级档案管理部门必须加强对电子档案的归档、保管、利用的技术手段的管理,制定电子档案的接收标准的管理制度,可根据实际情况,实行纸质档案和电子档案"双轨制"的接收模式,并依托局域网构建电子档案的网上接收平台,开展电子档案目录和电子档案的全文接收,达到省时快捷的建档效果。电子档案目录的建立方便了档案的检索和查找,加速了档案的周转,提高了档案的利用率。

(二)电子档案的数字化管理

传统档案管理体制下的档案以纸制档案为主,为了适应信息化建设的需要,实现档案信息资源的社会共享,就需要对纸质的档案进行数字化转换。档案信息的数字化包括两方面的内容,即档案目录信息的数字化和档案全文信息的数字化。档案目录的数字化包括全宗级目录、案卷级目录和文件级目录,各级档案馆必须在加快档案著录速度、严格规范著录标引的前提下,建设覆盖馆藏档案的全宗级目录和案卷级目录数据库,一些重要的档案将逐步实现文件级目录的机检,有条件的档案馆可实现全部文件级目录的机检。档案全文信息的数字化,应围绕需求利用,以建立高质量的数据库为目标,积极地加以推进。通常一般的馆藏照片、音视频档案应全部数字化,一些重要的全宗档案、利用率高的馆藏资料和专题文件应逐步进行全文数字化,一些条件比较好的档案馆,可建立多媒体全文数据库,形成档案全文数据中心,这样不但方便了电子文档的检索,也满足了电子文件实现社会共享的需要。

(三)电子档案共享平台的建设

网络环境下的档案信息资源建设,不仅包括自身馆藏的信息资源,还包括馆藏以外的档案信息资源。这种可供双向利用信息资源的实现就是建设档案目录中心。档案目录建设的实质是网络环境下各种档案信息资源的"虚拟整合",以实现更大范围内的资源共享。各级档案馆应有计划地建设本系统的档案目录中心和目录分数据库,并通过公务网与主数据库连接,整合各种利用率较高的专题档案目录,建立机读目录的逐年搜集和送交机制。

四、加强电子档案的安全保障体系建设

随着档案信息化建设的不断发展，档案信息化的安全问题显得越来越重要。国家对信息化的安全问题极为重视，特别是党的十六届四中全会，把信息安全和政治安全、经济安全、文化安全放在同等重要的位置，这在我们党的历史上是前所未有的。档案信息的安全保障体系建设主要包括以下几方面的内容：

（1）建立保证安全的法规制度。尽管我国已经颁布了一系列的安全管理法规，但还缺少国家级的统领全局的信息安全制度。在有法可依的情况下，档案管理机构还必须根据国家相关的法律、法规、规章制度制定符合本单位实际的安全保密制度。比如，《安全等级保密制度》《电子文件管理办法》《违章操作审计查处制度》，把对信息安全的威胁降到最低。

（2）档案信息的安全管理。在电子文件的形成、处理、归档、保管、使用的过程中，档案信息都有被更改、丢失的可能性，即使拥有完善的信息安全技术，也需要有相应的管理措施来保证其实施。为此制定安全的管理制度对于维护档案信息的安全就显得十分重要。

首先，要建立科学的归档制度。归档时应对电子文件进行全面、认真的检查，在内容方面检查电子文件是否完整，真实可靠的相应机读目录、应用软件以及其他相关的内容是否一同归档，归档的电子文件是不是最终的稿件，电子文件是否反映产品定型技术状态的版本或本阶段产品技术状态的最终版本，电子文件与其他纸质的文件的内容是否一致，软件产品的源程序与文本是否一致等。在技术方面，应严把质量关，严格检查电子文件是否存在病毒，以确保信息的准确性。

其次，要建立严格的保管制度。所有归档的电子文件都必须做好保护处理，使之处于安全的状态。在对电子文件进行处理或对电子文件实行格式转换时，要特别注意转换过程中的信息失真。另外，还必须对电子文件进行定期的、有效性、安全性的检查，发现信息或载体有损伤时，及时采取维护措施，进行修复或拷贝。

再次，建立电子文件管理的记录系统。电子文件形成后因载体转换和格式转换而不断改变存在形式，如果没有相关的信息证明文件的内容没有发生任何变化，人们是无法确认真实性的，因此应该为每一份文件建立必要的记录，记载文件的管理内容情况，确保信息的准确可靠。

最后，要维护公共设施的安全。随着电子档案信息应用范围的不断扩大，数字档案信息的安全工作也日益重要。目前威胁数字档案信息物理安全的因素主要有机

房、办公室管理不严，人员随意出入，对电脑文件、数据、资料缺乏有序的保存管理，工作人员对技术防范手段、设备认识不足，缺乏了解，操作不当造成设备损坏，内部网、电脑办公网与互联网混用等。

第二节 档案信息化管理与建设的内容

档案信息化管理与建设是一项庞大的系统工程，它的最终目标是实现档案信息资源的共享，为了避免各地信息化建设各自为政，国家有必要制定与信息化建设配套的规划标准以及相应的法律法规来保证信息化建设的正常进行。

一、档案信息化的规范化建设

标准规范化是实施档案信息化建设的重要内容之一。在档案资源的收集过程中，资源的存在形式是多种多样的，社会对信息资源的需求形式也是多种多样，并在不断地发生变化的，因此没有标准化的规范体系，数字资源很难保证其内容的长期保存、有效的操作、数据交换、永久性的保管，更难以实现信息资源的社会共享。

目前，我国档案信息化系统建设层次标准不一，各种标准的规范性、标准性、共享性较差，还不能完全适应档案信息化建设共享的社会需求。从信息化建设的科学性要求和解决目前信息化建设中存在的各自为政、相互封闭、重复建设的问题出发，在档案信息化建设中必须总体规划，制定统一的规范化标准，这是做好信息化建设的最基本的工作，也是必须要做好的首要工作。

所谓标准，"是对重复性的事物和概念所做的统一规定。它以科学技术和实践经验的综合成果为基础，经有关双方协商，由主管机构批准，以特定形式发布，作为共同遵守的准则和依据"。

所谓标准化是指在经济、技术、科学及管理等社会实践中，对重复性的事物和概念，通过制定、发布和实施标准，达到统一，以获得最佳之需和社会效益。

档案信息化的最终目的是实现档案资源的社会共享。档案信息化体系建设是以档案信息资源库建设为核心，以信息技术的应用为手段，以网络建设为基础的系统工程。档案信息资源体系建设涉及各种数据、网络建设和应用体系开发等各方面，档案信息标准是档案信息资源共享体系建设的重要保障。

标准统一是实现网络信息互通、信息资源共享的前提条件。标准规范体系包括管理、业务、技术三个方面。管理性的标准规范包括计算机安全法规与标准，工作人员、用户及设备管理规范、利用管理规定数字档案信息资源合法性的确认等。业务性标准规范包括术语标准以及相关电子文件和电子档案管理的标准、规范。技术性的标准规范可分为硬件、软件、数据标准等三个方面。硬件包括计算机、网络服务器、网络通信等电子设备，软件包括系统软件和应用软件数据，标准是确保档案的通用、共享与交换，确保在软硬件环境变化时档案数据的完整、安全与有效的保障。

二、档案信息化基本设施的建设

软硬件的基础设施建设。网络的建设是以计算机为基础的，它是用基本设施和线路，将多个计算机连接起来，再用网络的信息软件进行信息的传递，实现资源的共享。网络的建设是以计算机为基础的。网络硬件的基础设施主要包括网络的布线、交换机、路由器、配线柜、电源等设备、终端计算机、输入输出和存储以及编辑等设备形成完善的网络系统。软件系统包括网络管理软件、服务器数据管理、互联网的节点控制等。

网络的数据库建设。用现代化的管理手段代替传统管理方式，对收集来的档案信息资源进行信息化的处理和存储。数据库是档案网络化建设的重要组成部分，是重要的网络资源，要加强网络化建设，就必须加强数据库档案资源的信息化建设。

数据库管理人员的培养。数据库管理队伍的建设是档案信息化建设的重要组成部分。当前档案管理的整体素质建设与信息化建设的总体要求还有较大的差距，因此档案信息化建设必须依靠加强人才队伍的建设，来提升和改造传统的档案管理和利用方式。在档案信息化建设的过程中，整个人才队伍的建设包括：一是档案信息化建设的组织领导体系。负责档案信息化建设的决策、规划、推进、指挥，为档案信息化建设提供良好的工作环境。二是具有领导能力、富有组织领导责任的领导人。这些人具有信息化的意识和时代的紧迫感，能够在自己的领域内大力推进档案信息化的进程。三是数据库管理人员。他们负责档案信息化建设具体内容的实施，他们是档案信息化建设的骨干力量，现有的大部分档案管理人员缺乏信息社会应有的整体素质，所以目前人才建设的重点是立足于现有人员的培养提高，提高档案管理者的整体素质，把数据库管理人员作为重点培养的对象。

三、档案信息资源的建设

档案信息资源的开发利用是信息化的核心工作，是信息化工作取得实效的关键。目前，我国信息资源在开发利用中还存在许多问题。信息资源的开发不足，利用效率不高，基础设施和应用系统落后，政务信息公开不快，跨部门信息共享困难等，所有这些都严重制约了我国档案信息化建设的发展。档案的信息化建设要想在信息化的社会中求得生存和发展，就必须把档案管理融入信息化的网络环境中，才能提高档案的利用率，提升档案利用价值。

档案信息资源包括的主要内容：一是接收的电子文件档案。对电子文件的接收和管理是档案信息资源建设的重要内容。二是馆藏档案。馆藏档案是目前最主要的信息资源来源，是目前档案信息化建设的重点工作。三是网络信息资源的获取。档案信息化建设是我国信息化建设的组成部分，所以它的发展不可能离开整个社会信息化的大环境，档案信息化建设要想不断得到发展，就必须扩展自己的工作思路和范围，这样才能给信息化建设更大的发展空间。四是其他资源的获取。档案信息资源还包括信息人员、信息技术、信息系统等。

档案信息资源建设的构成体系：一是数字化处理前的准备。档案信息从数字化处理角度可以分为符号信息、静态视频信息、动态视频信息和音频信息。每一种信息都有不同的处理方式，因此要对不同的信息制定不同的处理方案，最大限度地将档案实体上的信息保留下来。因此，档案信息数字化前的准备工作，对数字化档案信息的质量起着十分重要的作用。二是数字化处理子系统。这是整个系统的核心部分，它利用各种设备系统对不同类型的档案信息分别进行处理，然后进入数据库，进行必要的组织和管理。它包括电子文件的处理系统、对电子文件的接收和实行统一规范的管理以及提供网上查询、利用服务。三是数据存储子系统。系统可以按不同类型存储在各类数据库和文件系统中。四是档案馆藏数字化处理系统。它是对非数字化的档案采取不同的方法进行数字处理，成为统一的数字化档案信息。

四、档案信息资源数据库的建设

档案信息资源数据库是档案信息化建设的核心部分。档案信息的数字化、网络化工作都要围绕着数据库建设进行，其工作结果都要存储在数据库中，数据的质量对于数据库的质量起着实质性的作用。其建设要以国际、国家标准为依据，为此必须做到数据的准确性，要保证存储的数据规范、准确。数据准确是对档案数据的最基本的要求，数据的规范要求档案数据库的数据著录项目符合规范要求，要依照事先确定好的著录标准进行目录数据库的建设。要做到数据的有效性，要采用通用的文件格式标准记录档案数据，特别是对图形、图像、声音等全文信息的处理，要采用标准和通用格式进行记录，降低未来有可能进行的数据存储格式转换和数据迁移的成本，杜绝馆藏数据无法读出的情况的发生。最后是数据的稳定性，档案建设重要的数据库结构、数据著录标准确立后，不能轻易变更，以维护系统的稳定和数据规范的连续性。

第三节　档案信息化管理与建设的任务

一、档案信息化数据库建设

《全国档案信息化建设实施纲要》明确指出：档案信息化建设的指导思想是以档案信息资源建设为核心的，档案信息资源建设的最重要体现便是档案信息数据库。它既集中了档案信息的精华，又是社会利用档案信息的最主要源泉，理应成为档案信息化建设中的主要任务。

（一）档案信息化数据库的性能指标

收录数据的准确性。数据库中收录的数据是否准确、可靠，关系到档案检索系统的检索效率。数据的任何差错，如字符的不一致、格式的不统一、拼写的错误等，都会对计算机检索产生影响，尤其在数据型数据库中，数据的不准确通常会造成严重的后果，降低信息系统在用户心中的可信度，会使用户对信息的准确性产生怀疑。

数据记录的完整性是评价数据库质量的首要指标。数据库覆盖面的大小、收录数据的完备程度，关系到它是否能全面满足用户的检索需求，是能否取信于用户的基本前提。

信息内容的丰富性。信息内容的丰富程度是揭示信息特征的重要指标，如对一份档案著录项目的详实程度、有无摘要、外文、标引深度的大小。数据库的内容越充实就越有助于用户判断档案的价值及其切题程度，从而帮助用户准确、快速地找到所需的信息。

数据库的及时性。数据库的及时性主要指一份档案从形成到纳入数据库之间的时差。如果用户先看到原始档案，然后再从数据库中检索到所需的信息，就会认为数据库提供的数据不及时，数据库的及时性对于现实效益较强的科技档案显得尤其重要，数据库的时差越短，其价值就越大。

数据库的成本效益。建立数据库需要花费大量的人力、物力，因此经济成本是衡量与选择数据库类型的重要指标，应尽可能用最低的成本获得最大的效益。计算数据库成本的指标包括每个字段、每条记录的平均费用以及每次检索每次命中记录的平均费用等的总和。

（二）档案信息化数据库的组成和功能

数据库、数据库管理系统和数据库系统这三个概念通常混淆，其实它们是三个不同的概念。通常人们所说的数据库是指数据库系统。一个数据库系统是一个实际可行的系统，按照数据库方式存储、维护和向应用程序提供数据或信息支持的系统。它是存储介质、处理对象和管理系统的集合体，通常由数据库、硬件、数据库管理系统和数据库管理几部分组成。对于档案库来说，还应包括档案信息数据。

数据库就是存储信息的仓库。这些数据被存储到计算机中，使人们能快速方便地对数据库进行查询、修改，并按一定的格式输出，从而达到管理和使用这些数据库的目的。硬件机制存储数据库和运行数据库管理系统的硬件资源，包括物理存储数据库的系统和其他外部设备等。数据库管理系统是负责数据库的存取、维护和管理的软件系统。

数据库系统克服了以往数据管理方式的缺点，试图提供一种完美的、更高层次的数据管理方式。它的指导思想是对所用的数据实行统一、集中、独立的管理，实现数据共享。数据库系统管理方式具有数据共享、数据结构化、数据独立性、统一数据控制功能等特点。

（三）档案信息化数据库的构成

档案信息数据库中的各类档案数据，不仅包含馆藏档案的各类信息，如纸质文献、照片和音频、视频资料，还包括政府的公开信息，从而使档案管理资源库通过计算机通信网络连接形成大规模的知识群库。离开了这些数字化信息的资源库，档案馆信息化建设就成了无源之水，无本之木。档案数据库存在的档案信息种类繁多，既有案卷级目录信息和文件级目录信息，又有全文信息数据，有专题目录数据和视频目录数据等。不同类型的档案数据库的应用，通常和不同类型的应用软件相配套使用。目前，档案信息数据库的建设主要包括以下几个方面：

（1）档案全文信息数据库建设。档案全文信息数据库是最实用的，也是最受社会不同层次利用者欢迎的数据，因为这些全文信息通过网络环境，有可能使各方面的利用者不受空间的限制，方便得到利用。建立全文信息数据库关键是档案文献数字化的前处理工作。

（2）档案文件级目录建设。档案文件级目录一般包括重要文件级目录和案卷文件级目录。档案文件级目录建设至少具有两项优点：一是有利于用户对有关档案文献做更深度的检索和查阅，使查找更具有专指性；二是有利于与档案全文信息数字化开展相匹配。由于文件级目录建设耗时、耗力，一般以馆藏重点全宗档案为对象。

（3）档案案卷级目录建设。案卷级目录是档案资源建设最基础的数据。在档案信息化的建设中，档案案卷级目录应涵盖档案馆全部馆藏，必须达到馆藏要求，其内容包括馆藏各个时期和各种载体档案的目录。

（4）照片档案目录建设。照片档案目录是最受重视的专题档案目录之一。它有三个特点：一是著录项目多。与普通纸质文件相比，照片档案的著录项目更为齐全，因而其揭示的信息特征更多。二是照片目录与数字化或图片文件数据相关联使用。照片档案目录建设的关键是每条目录数据著录项目的完备性。三是分类标准独特。与普通纸质档案比，照片档案的分类更切合档案馆藏的实际，使用者更易接受。

（5）专题档案目录建设。专题档案目录是目前最热门的电子档案检索工具之一，是以提供利用为目的、方便利用者的检索工具。它积聚了馆藏中有关档案专题的所有案卷级目录和文件级目录，这些目录包括全宗的目录集合体。专题的内涵包括档案内容、档案文本或档案载体等。专题档案目录建设的关键是对有关专题的选择和确定，需兼顾馆藏特色和社会利用需求。

二、数字档案的收集

数字档案馆主要收集各个立档单位的电子文件以及各立档单位经过数字化处理后的传统档案，是档案馆数字档案信息的重要来源。

电子文件的收集。电子文件和纸质文件的生成背景和发挥作用不同，造成其收集方法和要求也不相同。如"无纸化"的电子文件，不仅要收集积累，更要有严格的安全措施，因此可制作成拷贝文件，以免电子文件系统发生意外使文件信息丢失；起辅助作用或正式作用的电子文件，应及时收集与整理，并与相应的纸质文件之间建立标识关系；草稿文件一般不予保留，如果出于对所保留电子文件重要性的考虑，则应对其进行收集。

在进行电子文件的收集时我们应具体问题具体分析，不能用同一种收集方式。因不同信息的电子文件，由于其技术特性不同，存储载体和记录信息的标准、压缩算法也不同，所以应分别采取措施保证其"原始性、真实性、完整性"。另外，与纸质文件不同，电子文件的读取、还原，离不开其生成的软硬件环境和元数据等，所以电子文件的收集、积累还必须包括这些内容：

电子文件的类型多种多样。按形成电子文件的性质分，有文本文件、图形文件、图像文件等；按电子文件的功能分，有各种公文、文本文件、设计文件、研究试验文件等。对电子文件的收集、积累应包括归档范围内所用的电子文件，对未列入收集归档范围的电子文件有的也要收集，因此尤其需要对一些项目做补充归档或扩大归档。因此，归档人员需要了解一些未列入接收电子文件的形成、承办情况，有的要及时主动收集。特别是对个人电子计算机产生的电子文件的收集工作，实践性很强，错过时机，电子文件就有失散、损毁的可能。

电子文件归档的具体形式和要求。电子文件归档的形式概括起来主要有三种，即物理归档、文本转换归档和逻辑归档。物理归档是将带有规定标志的电子文件集中拷贝到耐久性能好的磁、光记录介质上，一式三套。一套封存保管，一套供查阅使用，一套异地保存。这种归档方式缓解了紧张的存储空间，并且延长了数字化电子文件的寿命。拷贝归档，通常采取压缩归档和备份系统归档手段。压缩归档即采取数据压缩工具，对电子计算机网络上应归档的文件，经过积累后进行压缩操作，录入磁、光记录介质上。这种方法通常对将来的电子档案管理有利。备份系统归档，即在电子计算机网络环境下，将归档的电子文件在网上进行一次备份操作，就可将归档的电子文件记录在磁、光记录介质上。为保证电子文件的真实性，在归档电子文件时也将记录日志和数据库都备份到磁、光记录介质上。

文本转换归档是将电子文件转换成纸制文件归档，并使纸制管理系统与电子管理系统建立互联关系。这种归档方式是为了适应现有的科技水平，保证电子文件的原始性和凭证价值而采取的措施，有其局限性。

逻辑归档是指电子文件的管理权从网络上转移到档案部门，在归档工作中，电子文件的存储格式和位置暂时保持不变。这种归档方式解决了许多机关"收集归档难"的问题，并使档案部门对应予以接收的电子文件有了控制权。

目前电子文件归档分三步：首先由电子部门和文书处理部门合作，在电子文件形成或收到的同时，对列入归档范围的文件进行逻辑归档；其次在有逻辑归档标识的电子文件办理完毕后，有专人对电子文件进行真实性和完整性的检验，检验无误的纸质文件与该电子文件的物理载体建立互联并一同归档；最后对有逻辑归档标识的电子文件定期进行物理归档。

加强电子文件归档管理的标准化建设。电子文件是电子政务和电子商务发展的必然产物，必须有标准化、管理的现代化的特点。因此，有必要对电子文件著录标准化、存储格式化和元数据标准化等电子文件标准化管理中的基本问题进行深入研究，尽快使电子文件的管理全过程做到有章可循，保证电子文件从生成到归档管理的连续性和规范性，为最终确定电子文件的法律效应创造必要的条件。

制定科学的电子文件归档标准是当前我国档案管理标准化工作的重点，也是加强电子文件管理的一项有力的措施和必要的途径。制定标准应充分重视以下几项任务：第一，明确当前急需攻关解决的标准，如电子文档的归档标准、电子文件著录格式标准、电子文件的储存格式标准等。第二，提倡使用统一的软件。通过统一的软件，使电子文件归档管理逐步纳入规范化的轨道。由档案行政管理部门与专业软件公司共同技术攻关，合作开发通用软件，并逐步在各级档案部门中推广使用，将是一条切实可行的途径。第三，与计算机行业联手合作。区分档案部门内部制定的标准和档案部门与计算机行业联手制定的技术标准，尤其是后者要列入规划，最终构成完整的电子文件归档管理标准体系。

电子档案的接收和迁移。按档案存储法的有关规定，电子档案到了一定的年限就应向综合档案馆移交，其中包括目录和全文信息。综合档案馆的收集一般采用介质接收和网络接收两种形式。介质接收即用存储体传递的电子文件，如磁盘、光盘，进行卸载式离线报盘接收。一般按规定进行登记、签署，对于更改处，要填写更改单，按更改审批手续进行，并存有备份件，防止出现差错。网络接收即在电子计算机网络系统上进行在线接收，系统应设计自动记录功能，记载电子文件的产生、修改、删除、责任人以及记录数据库的时间等，并在进入数据库之前，对记有档案标识的内容进行鉴定、归档和接收入库。

在数字档案的接收过程中，我们从一个网络的数据库中，将数据导出到磁、光介质，再将这些介质接到另一个网络，将数据导入其数据库，从而完成从一种技术环境到另一种技术环境的转换，使数字信息发生了迁移。在数字信息迁移过程中，要注意三个问题：一是确保档案信息内容的真实和维护使用功能，对于那些在不同操作系统之间迁移的数字信息而言，即使不可能保持原格式外观，也必须保证内容和使用功能的不变；二是降低迁移成本和风险，数字信息迁移需要考虑迁移成本和可能存在的风险，因此要考虑合适的迁移间隔时间；三是确保信息内容的原始性和完整性。

三、馆藏档案信息数字化

馆藏档案信息的数字化是档案信息建设的一个重要组成部分，其主要目的是利用计算机、扫描设备、图像处理技术等现代信息技术将传统的介质存储的各类档案，根据需要进行数字化处理，以积累数字档案资源。档案馆经过几十年的建设，不仅将各种档案信息组织化和有序化，而且形成了丰富而独特的档案文献信息资源。在档案馆收藏的大量经过整理、分类的档案文献资源，除极少数在其形成的过程中和前期运行阶段就采用了数字化记录形式以外，绝大部分是纸质档案。针对现状，现阶段和今后一段时间内，对纸质档案信息进行数字化转换，便成为档案馆藏数字化的中心任务。

（一）馆藏档案信息数字化的工作内容

馆藏档案信息数字化主要包括两项任务：一是将传统载体的档案目录进行数字化，二是将档案内容进行数字化。

档案目录数字化的主要工作是将对载体档案进行编目，并将目录信息录入计算机中，建立档案目录数据库，利用管理信息系统实现档案目录数据的计算机管理和目录信息的资源共享。

档案内容数字化的主要工作是馆藏的纸质、录音、录像、照片等档案，通过扫描、加工、处理转变为文本、图像、图形、流媒体等数字格式信息，存储在网络服务器中，利用计算机及信息系统提供查询、检索和浏览功能。

能够将纸质档案、照片档案、微缩胶片等转变为电子图像文件，不能将纸质档案上的文字信息进行完全处理。数字化的深加工则是利用技术含量较高的语言识别处理技术获取载体档案中的文字信息，方便提供全文检索。

（二）馆藏档案信息数字化的业务流程

数字化的预处理。预处理是数字化加工的第一步，其主要的工作是将馆藏的实物档案，比如纸质档案、录音、录像、照片、微缩胶片等按照数字化加工的轻重缓急原则进行筛选，然后再按照下一步数字化处理工作的具体要求做拆分、分类、整理、模数转换等处理工作。此环节中的安全风险主要来源于公共环境等人为因素，主要安全任务是防火、防抢、防盗、防泄露以及防止错误操作而导致档案受损的事故的发生。因此，该阶段采取的安全防范措施是：按照加工工序制定严格的安全管理制度，明确各项工作的岗位职责，并严格监督执行，启动档案馆的安全监控系统，实行实时监控，一旦出现问题应立即采取措施。

数字化加工与转换。就是将传统的档案转换为数字形式标识的档案信息资源，其主要工作包括纸质档案的扫描、录音、录像、数码拍照的数字化转换以及微缩胶片的数字化等。本阶段的安全问题主要是加强对损坏程度比较严重的纸质又很薄、很难直接进行扫描或者无法采取扫描方式进行数字化的历史档案的处理。本阶段的安全重点是数字化过程中原件的保护，必须在大量实践经验的基础上，选择科学、合理的数字化加工与转换技术与指标开展工作。

信息的处理。信息处理的主要工作是将数字化后的图像文件、多媒体信息等与档案的著录信息进行关联的重要过程，也是整个数字化工作的重要内容。首先是档案资源的编目、标引等基础数据的录入和处理等工作，将图像与多媒体文件对照原始档案而进行的核对、压缩等处理工作，无论是纸质档案，还是录音、录像档案，通过模拟到数字化的转换后，都可能造成一定程度的数据丢失或信息失真。因此，本阶段的安全重点是保证档案数字化后能够被存储、保存和利用，并考虑如何将失真度降到最低的问题。

信息的存储。经过处理的数据需要存储到网络环境中并提供利用，而不仅仅是存储在光盘上保存在库房做档案备份。因此，应根据数字化的存储容量及网络化的利用要求，选择网络存储设备、考虑数据库与电子文件存储和被访问的方式。这一阶段安全的重点是考虑电子文件的存储和保管的安全模式，严格按照档案管理的标准开展规范化操作。

信息的利用。这一阶段将采用计算机应用软件系统，按照档案法及本单位的管理规范将数字信息发布到网上，并提供不同网络范围内的不同数据内容的档案利用。本阶段安全防范的重点是：系统用户权限的严格管理、对访问系统中用户身份的严格认证以及内网、外网计算机之间的访问、控制等安全问题，同时还要严格管理网络上各服务器、客户端等计算机系统，防止应用程序受病毒的感染、网站受黑客的攻击等非安全因素的发生。

（三）馆藏档案信息数字化方案的确定

选择什么样的方式是进行馆藏信息数字化的关键。由于档案馆保存的档案数量众多，不同档案的价值信息和开放利用的时间不相同，对不同档案的保密程度也各不相同，因此在档案信息化之前，档案馆必须确定哪种信息可以数字化，哪种档案信息资源目前不需要或者暂缓数字化，哪些资源应优先数字化等。最后选择何种方案，应当紧密结合馆藏的具体情况和社会利用发展趋势做出判断。目前主要有以下几种形式：

（1）全部馆藏数字化。采用此方式是将传统的档案馆全部馆藏信息数字化，建立数字档案馆，完全继承传统档案馆的全部信息资源。这是理论上最彻底的数字化方案，对利用者来说是最理想的。这种方案比较适合那些馆藏档案数量较少，开放档案占据馆藏档案绝大多数的档案馆。对于馆藏数量众多、利用率较低，且档案数量大、需要控制利用档案的数量较多的档案馆，从降低成本和效益的角度来考虑，不一定是最佳策略。

（2）高利用率馆藏数字化。这种方案在一定程度上可以起到降低成本、提高效益的作用，但具体实施有一定的困难。一般来说，不同用户所需要的档案信息，在范围和重点方面有不同的特点，且对不同类型的档案信息的使用频率也不同。另外，一部分高利用率的档案具有时效性，因此档案馆向利用部门提供一份较长时间的利用反馈报告，可能有助于对馆藏高利用率档案的合理选择。

（3）珍贵馆藏数字化。从理论上说这是最合适的方案，其难点是对"珍贵档案"必须具有可操作性的诠释，这种可操作性应建立在对馆藏档案资源熟悉和价值判断的基础上。一般来说，那些高龄档案，涉及某一地区重要机构、重大事件和重要任务的档案，在同类档案文献中较为稀少的档案等，都可以列入珍贵馆藏。一般来说，这部分档案的利用率是很高的。

（4）即时利用数字化。对部分档案并不数字化，只是到利用时才进行数字化。这是最具功利色彩的"用户至上"方案。所有用户不需要的馆藏均被排除在外，这是该方案最突出的优点，但也是最致命的弱点。用户的即时需求有很大的偶然性，过分考虑这一需求，无疑会提高档案馆数字化的经济成本。

总之，选择什么样的信息化策略应根据实际需要来定，不考虑实际需要而单纯地选择某一种方案都会导致片面。如何兼顾馆藏具有永久价值的档案和用户当前的信息需求，将几种数字化的方案有机地结合起来，才是馆藏档案数字化的最佳方案。

四、数字档案馆信息化建设

广义的数字档案馆是指存储、利用档案信息资源的信息空间，是一个由众多档案资源库存、档案信息资源处理中心、档案用户群构成的数字档案馆群体。这个数字档案馆群体是建立在现代信息技术普遍应用的基础上，利用数字化手段，以综合档案信息资源为处理核心，对数字档案信息资源进行收集、管理，通过高速宽带通信网络设施相连接和提供利用，实现在线资源共享的超大规模、分布式数字信息系统。简单说，就是利用电子网络远程获取档案信息的一种方式。因此，广义的数字档案馆不是一种物理存在，而是一种虚拟的信息组织与利用环境。

狭义的数字档案馆是指某个具体的个体档案馆，除了馆藏档案数字化，还涉及档案信息的采集、整理、存储、检索、传递、保管、保护、利用、鉴定、统计等全过程，代表的是一种信息环境和基础设施的构建，包括软硬件系统的设计和组织实体的建立，具体内容有：对应归档的电子文件及其元数据，开展馆藏档案的数字化，实现馆藏档案实体的自动化管理，以网络连接并提供各类档案信息资源，组织对数据的有效访问。

数字档案馆信息化的特点：第一，接收档案的数字化程度高。即档案馆可以及时对电子政府和立档单位的电子档案、电子文件实行卸载报盘接收，或网络在线接收。第二，档案信息在线共享程度高。即不仅可以接收在线的网上信息，而且可以与众多的档案信息资源库相连接，或借助档案目录中心的构建形式，实现广泛的信息资源共享。第三，对不同信息技术的容纳程度高。数字档案馆以信息技术为基础，充分利用了多媒体信息处理技术、数据库技术和内容的检索技术等。第四，实体档案的数字化程度高。即利用者借助计算机检索系统，可以实地或在线查阅到丰富的档案目录信息和档案全文信息。

数字档案馆建设的内容十分广泛，其主要的建设内容有：基础设施建设、应用系统建设、信息资源建设和标准规范建设。

基础设施的建设。数字档案馆与一般的档案馆相比具有海量存储、用户多和长期接收服务请求等特点，需要有稳定可靠、可扩展的运行系统做保障。基础设施建设包括网络更新建设、硬件更新建设和系统软件建设等。数字档案馆网络工程的建设根据服务对象的不同可分为三个层面，即档案馆内部网、与政府各职能部门相连接的政务网和与互联网连接的外部网，这三网之间适应物理隔离，并各司其职。硬件设施主要包括数字化加工设备、网络设备、服务器、存储设备和输出设备。系统软件包括计算机的监控管理程序、调试程序、语言翻译程序、数据库管理程序、数据通信程序及操作系统，其中计算机操作系统是系统软件的核心，它独立于计算机，是控制和组织计算机活动的一组程序，是用户和管理的接口，是整个系统运行的基础。

应用系统建设。数字档案馆的应用系统是一个可根据需求进行扩展的网络应用系统，其功能通常包括档案的数字化加工、档案信息的收集、录入、检索、利用、编研，具有可扩展和使用特性。应用系统的开发必须具备开放性和扩展性、易用性和易管理性、稳定性和安全性等特性。

信息资源建设。信息资源是数字档案馆的核心资源，因此信息资源的建设是数字档案馆建设内容的核心。信息资源主要来源于传统档案馆馆藏、各立档单位的材料、专题信息数据和政府公开信息等。

传统档案馆收藏的大量纸质、声像、微缩等传统介质的档案资源是数字档案馆重要的信息资源。通过多媒体技术和数据压缩技术等手段，将可以公开的馆藏载体的各种文献数字化，能充分发挥档案馆的资源优势，加强熟悉档案馆的资源建设工作。除传统介质的档案文献外，传统档案馆馆藏的各种在电子环境中生成的电子档案也是数字档案馆的重要采集范围。

各立档单位的档案文献和目录也是数字档案馆的重要收集内容。随着办公自动化的广泛普及，各立档单位产生了大量的电子文件和电子档案，按照档案移交的有关规定，按年限通过网络或介质向档案馆移交，其中包括档案文献全文或文献目录。

专题档案数据已经成为档案馆资源建设的新生力量，其中包括各种备受社会关注、社会利用需求集中的、具有档案性质的政府或行业信息。专题信息数据包括全文信息和目录信息两种，且大多以电子形式报送传统档案馆。

政府公开信息。各政府职能机构现实产生的可公开政府信息，尤其是其中的行政规范性文件易被社会各界关注。其查阅量之大、需求之集中、访问量之多，在一定时间段内，已经接近甚至超过档案文献的利用率。政府公开信息大多生成于电子环境中，并且以电子文献形式报送传统档案馆，所以将越来越成为数字档案馆资源建设的重要来源。

标准规范建设。标准规范是实施数字档案馆工程的重要基础之一。面对数字档案馆资源形式的多样性，以及社会对数字资源共享要求的广泛性，传统档案馆应根据国际标准和通用标准规范，确保数字资源内容的长期保存、数据交换、资源管理和安全实用。一个完善的标准、规范体系的制定，应借鉴国内先进的相关标准、规范，考虑国家之间信息化接轨，优先采用相关的国际标准、规范，并在使用过程中进行必要的本地化工作。数字档案馆的标准化建设包括管理性标准规范、业务性标准规范和技术性标准规范。

第四节　档案信息化管理与建设的原则

档案信息化建设是档案部门为了适应社会信息化建设的需要，根据社会对档案信息资源的利用需求，通过利用现代计算机技术和网络技术，将反映馆藏档案内容和形态特征的目录信息以及部分馆藏档案主题的信息进行数字化处理，以数字化的方式，方便快捷地为社会各界所利用的过程。这一过程涉及大量的信息资源的著录、部分档案信息资源的整合等基础性的工作，也涉及按照各种不同的信息的检索利用等要求进行一系列方便系统利用的系统功能的开发工作。因此在人力、物力上必然会进行较大的投入，是一项十分庞大的系统工程。

档案馆信息化建设的具体措施，必须在科学、缜密的思想指导下进行，才能少走弯路，以较少的投入，取得最大的效益。在实际运行的过程中，这些缜密、科学的指导思想是根据社会信息化发展的一般规律，并结合档案信息化自身的特点总结和提炼出来的。在具体实施档案信息化建设的过程中，这些科学、缜密的指导思想便转化为必须遵守的原则。因为档案信息化建设本身是社会信息化的一个方面或一个组成部分，因此社会信息化实施所应遵循的原则，同样适用于档案信息化建设，如信息共享原则、以人为本原则、信息化建设可持续发展原则等。下面所阐述的几项原则，主要是针对档案信息化建设而言，即在考虑信息化建设固有规律的同时，要注重档案馆自身信息化建设的特点。

这些原则有的已被其他行业信息化实践证明是有效的，有的则被一些档案部门已有的实践所检验，因此贯彻这些原则，对于确保档案信息化建设的顺利进行和收到实效的结果，具有十分重要的意义。当然随着档案信息化建设的不断深入，这些原则所包含的思想和理念也将不断地丰富和发展。

一、协调发展的原则

档案信息化作为一项规模庞大的系统工程，从工程的组织实施来说，其固有的规律是各个子系统之间必须协调发展，这是档案信息化建设的必需。

（一）同档案馆的基础工作协调发展

档案信息化建设需要进行大量的基础工作。其主要的工作在于各种档案信息的加工和集成，离开了这些基础工作，档案信息化建设就成了一句空话。因此，档案信息化建设必须贯彻同基础工作协调发展的原则。在基础工作中，档案信息的著录和输入是最基本的内容。档案信息的著录根据利用的要求可以有多种形式，通常用的是档案著录和文件级档案著录。档案案卷级著录体现着国家的有关政策，对一个案卷的内容进行著录，产生几项重要的知识性信息，从而揭示这一案卷在内容、载体方面的重要特征。

文件级著录级别较高，针对性较强。因此，在著录的过程中投入的人力、物力也相对较大。因此，对于一般的档案馆一般并不要求实行档案馆藏的文件级著录，可以根据实际情况进行分步实施，可以选择一些比较重要的档案进行文件级著录。对于档案馆藏较少的档案馆，在人力、物力条件允许的情况下，则可以考虑实行所有文件级著录。信息的输入包括已经著录的文件级条目和文件级条目的输入，也包括档案信息的全文扫描输入和相应关系的建立。这些工作从技术层面上并不复杂，但由于工作的程序复杂，工作量较大，因此在信息化实施的过程中绝对不能忽视，必须与基础工作同时考虑，严防由于基础工作没有及时完成而影响了信息化建设的进程。

（二）同信息技术的开发利用协调发展

信息技术的综合利用是档案信息化建设的难点。信息技术的综合利用，包括各种信息软件的开发、硬件配置的集成、网络环境的构建。大量的实践证明，信息化能否取得实效，其预期的效果能否达到，系统软件是否得到有效开发和利用十分重要，信息化建设的先进性就在于此。同信息技术的开发协调发展是指要充分重视与信息化建设密切相关的系统软件开发和应用的重要性，在考虑做好丰富馆藏和加强著录信息化前期工作的同时，必须把实现效能的系统开发软件放在重要的位置，加大投入的力度，进行广泛的调研论证。

在进行系统软件开发的过程中，我们应积极采纳先进的技术成果并加以利用。然而信息技术的不断发展变化，任何最新技术都是相对的，因此在新技术的应用方面，我们必须面对现实，实事求是。我们必须认识到系统软件开发完成后，其功能的不断完善还需要一个渐进的发展过程。而系统的开发者多数是对档案业务不熟悉的计算机技术人员，他们对系统软件的需求、结构和功能的认识有一个逐步深化的过程。而信息技术的实现是各种设想和技术整合后的具体体现，因此许多技术软件在当初开发时都还不十分成熟，需要在以后的实践中不断补充、发展和完善。因此，在信息化的建设过程中，切实贯彻信息技术的开发、利用、协调发展的原则十分必要。

（三）同馆藏信息一同协调发展

档案信息化的根本目的是实现资源的社会共享。决定档案信息的功能和作用的发挥是看资源本身给社会提供了多少有价值的信息，所有这些都取决于档案馆藏的数量和档案资源的丰富程度。如果一个档案馆的馆藏达到一定的程度，结构也比较合理，信息的种类也比较齐全，那么信息化就有了比较好的资源基础，在实施信息化的工程中不会感到在档案的门类等方面存在较大的缺憾。如果一个档案馆本身的数量有限，资源的种类单一，再加上结构的不合理，那么信息化的发挥将会受到很大的阻碍。因此在信息化之前，档案馆馆藏的实际情况是一个必须考虑的基本因素。由于历史的原因，我们无法改变档案馆已有的馆藏，但我们可以扩充现有馆藏的品种和数量，可以通过征集等措施尽可能增加馆藏的数量，达到档案信息的多门类、多品种。为档案信息化建设提供较为丰富的资源基础，避免因为馆藏不足影响信息化建设进程。

（四）同实际应用协调发展

档案信息化的目的在于利用，不是为了信息化而信息化，因此在信息化的过程中必须贯彻同档案利用工作协调发展的原则。也就是说，必须以社会对档案利用的需求为导向，来规划和调整信息化的实施步骤。一方面，要以利用率高的信息作为信息化的重点内容，使信息化有一个牢固的使用基础，充分显示其对社会的适用性；另一方面，要根据社会利用需求的发展趋势，进一步扩大档案的利用范围，充分发挥档案信息的潜质，对信息化建设做全面的统筹和规划。另外，档案信息化建设是一个长远发展的战略性建设，其信息化的过程也是一个动态的发展过程。因此我们必须对信息化做出一个长远的发展规划，因信息化是一个长远的动态发展过程，所以在信息化实施的过程中，必须根据社会对档案利用的需求而变化，对要调整的档案门类和品种进行及时的调整，避免关起门来自己建设的封闭做法。因此信息化建设要贯彻协调发展的原则，就必须重视信息化建设同实际应用协调发展的原则。

二、分步实施的原则

档案信息化建设是一项庞大的系统工程，因此它的建设不可能在短时期内完成。由于各地档案馆的实际情况不同，有的档案馆的信息储存量多，信息化需要投入的人力、物力较多，同时由于计算机技术的发展变化较快，实现信息化在硬件上的投入较大，也不可能一步到位。因此，信息化建设必须实行分步实施的原则。它的实施包括信息资源的分步实施和系统功能的分步实施两部分的内容。

信息资源的分步实施。档案目录信息资源的建设是信息资源建设的重要内容之一，它建设的主题内容包括本身的馆藏目录和本地区所用的档案目录建设两部分。这两部分资源覆盖的范围不同，基础条件也不同。对于建设本馆所藏的档案目录来说，需要从馆藏的结构特点出发进行规划和设计，提出整体规划和设计要求，然后组织实施。对于覆盖地区范围的目录中心，由于地区方位内各档案机构的基础状况不同，目录的数据结构不同，首先对能够在同一平台上运行的目录进行整合和转换。在整合转换的过程中需要解决许多技术问题，必须以科学的态度，逐一解决。因此在构建目录中心时，必须根据具体情况制定具体措施，分步组织实施。对于那些基础性、专题性和全文信息的实施步骤，一般是把基础性的信息作为信息化的第一步内容；把专题性的信息作为信息化的第二步内容；把全文性的信息作为信息化的最后内容来处理。这也是根据信息实际操作方便的难易程度，以及人力、物力的投入多少等因素综合考虑后，来实施的分步策略。

系统功能开发的分步实施。档案信息化的利用在很大程度上取决于系统功能软件的实现，关系到以计算机技术的应用为主题的系统功能的开发。一般的开发原则是：考虑到系统开发的费用巨大，计算机技术的迅猛发展，系统功能的开发可采用分步实施的原则，急用、利用率高的先开发，拓展性功能可以延续开发。系统功能的分步开发在经济上可以避免一次投入过大的开发经费，减轻经济上的压力，在安全性上可以防止重大失误而导致整个信息化实施的重大挫折，从系统功能的最佳实现来说，由于采用了不同的计算机技术，有利于技术的及时更新，保证系统功能与最新技术的接轨。

三、安全的原则

档案的安全管理是信息化建设的前提条件。档案安全本身的重要性是由档案本身和档案管理的性质所决定的，档案信息化的建设必须充分考虑到安全问题，正确处理方便、高效与安全管理的关系。一般来说，数字化的档案存储应该使用带自动备份功能的服务器，配置备份信息设备，如光盘库、专用网络存储设备，对备份信息还实施迁移。同时，使用安全介质定期刻录备份信息实行异地保管。

数字档案的安全保障必须建立严格的管理制度和操作规范，必须实行有效的网络安全措施，必须采取严格的授权管理系统。安全保障的原则主要包括：①密级区分原则。即对密级档案实行物理隔离并落实责任到人。②内外区分原则。将开发档案信息与内部业务运行过程的信息实行隔离。③用户区分原则。将档案管理人员和档案形成人员，内部用户和公共用户加以区分。④系统区分原则。将档案信息管理系统及其网络化归档、信息共享、辅助决策等子系统加以区分。

四、应用性原则

档案馆在实施信息化管理与建设的过程中，进行馆藏档案的信息资源整合和集聚。建设档案信息资源共享体系时，其主要任务是将能揭示和反映档案主要内容和原型特征的目录信息、相关原始档案信息，经过现代计算机技术的应用，进行海量存储，并通过多种检索途径，顺利地实现快速地直接查阅利用。取得这些海量档案信息利用的理想效果，要涉及很多的工作环节，需经历多个阶段。一般将档案信息资源的整合和开发作为信息化的前处理工作，不管前处理工作多么复杂，其最终的目的是实现档案信息工作的有效利用。为此，档案馆在实施信息化建设的过程中，首先应该贯彻的原则是实用性原则。实用性原则的指导思想，是所有在信息化过程中被整合处理的档案信息必须能够适应各种利用需要。也就是说，档案信息化必须以社会各方面在相当长一段时间的利用需要为原则。

获取知识的第二课堂。档案馆除了具有查考和存史的功能外，还具有传播知识的功能。档案馆蕴藏着丰富的馆藏文化以及本地区经济社会发展的档案资料，这些丰富的档案资料对于社会公民以及青少年了解本地区的文化发展来说都是不可多得的珍贵史料。

我们可以把档案馆当作是学生获取知识的第二课堂。这样既能使档案馆的信息功能得到延伸，也避免了信息资源的浪费。因此，在信息化的构成中应注意把知识性的信息放在首位，这一崭新的课题对于档案部门是一个新的挑战。因为以往的档案馆主要是供查找资料之用，所以在查找接待方面积累了丰富的经验，而对档案馆作为获取知识的场所则是一个全新的管理课题。对此，档案管理者必须树立全新的管理理念，从适用于知识获取方面考虑，可以将档案信息中具有知识性的信息有限信息化。比如反映本地区社会经济发展的信息资料、反映本地著名人物的历史传记以及具有历史渊源的档案史料等，都可以作为开辟第二课堂的生动教材，这些史料对于当地居民和青少年了解当地的历史具有十分重要的学习价值。

在档案信息化建设与管理的过程中，凡是有关当地物质文明建设和人文发展历史方面的档案信息，都可以作为知识性的信息，以适用于社会大众特别是青少年知识获取利用的需要，同时也是档案馆为当地的精神文明建设做出的积极贡献。

为领导的决策起助手和参考作用。科学的决策源自科学的管理，科学决策是科学管理的重要手段，也是各级领导组织、管理、实施各项大型工程或推进建设事业全面发展的先决条件，同时也是提高执政能力的重要措施。科学的决策需要有充分的科学信息，经过周密的论证最后做出科学的判断，形成科学的决策。因此，充分地获取各种信息对于领导做出科学的决策十分重要。

档案信息记录了历史活动的进程和结果，是前人智慧的结晶。同时也积累了丰富的经验教训，所有这些宝贵的信息资料对于领导做出科学的判断具有重要的参考价值，这些信息可以开阔领导者的眼界，借鉴前人的经验和教训，以便在前人成果的基础上进行新的突破。总之，丰富的档案信息对于各级领导进行科学的决策具有十分重要的参考和借鉴意义。因此，档案管理部门在信息化的过程中必须把适应于领导决策参考的信息放在首位，在进行信息化的过程中，应该将那些能够为领导决策提供借鉴作用的档案信息资源进行整合；在考虑和设计信息检索的途径时，应该把方便寻找和挑选有助于领导决策的信息放在重要的位置，为这些信息的检索提供方便快捷的查找方式。

为科学研究提供重要的参考。科学研究是人类社会不断发展的原动力。科学研究需要大量的信息资源，特别是社会科学的研究，其研究的主要内容为社会的政治、经济、文化和社会发展方面，更离不开档案馆的信息资源。因此，把适应于科学研究作为档案信息化必须遵守的规则，是档案馆信息化建设所要重点考虑的内容。档案信息化要适用于科学研究，就必须将那些具有研究价值或者能够提供可持续研究对象的原始材料的档案信息进行信息化。这类信息从大的方面来说，包括的内容十分丰富。它不仅包括经济发展的基础数据，也包括政治、文化以及生活各个方面的详细资料。科学研究所涉及的信息面非常广泛，因此使用的信息更是包罗万象，但由于各个时期社会的研究有不同的侧重点，因此我们应根据社会研究的需求采取分步实施的原则，即对于档案科学研究急需的资源应首先进行信息化，及时准确地为科学研究提供参考资源。

成为爱国主义的教育基地。随着社会的不断进步，档案馆的职能不仅仅局限于提供需要查找的历史资料，还肩负着开展爱国主义教育的重要任务。档案馆应充分挖掘自身的教育潜能，对社会特别是对青少年开展爱国主义教育、革命传统教育，把档案馆办成爱国主义的教育基地。国家档案局为适应这一形势，提出了把档案馆建成"一个中心、两个基地"的要求。这两个基地中的一个，就是爱国主义的教育基地。因此，档案信息化必须服从于爱国主义教育基地的建设要求，坚定不移地贯彻开展社会教育的原则。

从这一原则出发，在实施信息化建设与管理的过程中，对具有教育功能和作用的有关信息档案进行整合、处理以及建立专用的检索渠道就显得十分必要。这就需要从档案信息中挖掘具有教育意义的信息，例如反映本地区反封建的历史进程的史料，人民群众的各种创造性的成果，以及反映各个历史时期所发生的重要而深刻的变化和取得的巨大成绩的信息等。考虑到爱国主义教育基地的建设和影响，除了文献信息外，也可将这些史料制成专题片或光盘配送到学校，使这些珍贵的史料更贴近生活，使青少年在潜移默化中受到爱国主义教育，增强他们的民族自豪感和自信心。

业余休闲的需要。随着社会经济的不断发展，人们的文化需求也在不断发展并呈现多元化，休闲活动正成为一种时尚开始流行。在一些发达国家，民众文化休闲已经开始从图书馆、博物馆向档案馆延伸。因此，前来档案馆利用档案必定是有专门目的的习惯正在被打破，休闲型利用已经成为一种时尚行为，读者可以在休闲的环境中得到文化熏陶和审美享受。

在国内，近年来档案界的一些有识之士，也开始重视这种发生在档案馆的新的利用方式，并呼吁尽快建立相应的环境和机制，促使这种休闲型利用成长起来。为此，在档案馆实施信息化的过程中，应该看到这种处于萌芽状态的社会需求可能随着社会经济文化的快速发展而快速成长。休闲利用与其他利用相比有它的特殊性。由于这方面的利用目前还没有很好地开展起来，所以我们很难对这方面的需要归纳出一些规律性的东西。但我们可以从图书馆、博物馆、展览馆等方面汲取营养，深入思考，进行借鉴。

休闲作为人们的一种生活方式，历史悠久，而文化性的休闲活动也有其自身的规律。既然是休闲，就同正规的工作完全不同，它可以没有目的，随机而来，在这里转了一圈后，得到了美的享受，精神上得到了某种启示与升华，得到的是精神上的休息与放松，也是一种收获。基于这样的认识，我们在实施信息化时，应该重视将那些具有可读性、知识性、趣味性、观赏性、珍贵性的档案信息优先予以信息化，以吸引和满足潜在的休闲利用的需要。

五、效益原则

档案信息化建设和管理要贯彻效益的原则，这种效益主要是功能效益和利用效益。

（一）系统功能效益

在一定程度上系统的功能状况是衡量信息化是否达到了预期效果的一个重要指标。信息化能否顺利地进行和运转，很大程度上取决于信息化功能的实现程度。信息化投入最大的经费是在系统功能的设计、开发以及硬件设备的配置上。因此信息化功能的显示不但包括系统功能覆盖的全面性，操作维护的方便性，系统运行的快捷性、安全性等，同时也包括整体功能的先进性和稳定性。一个系统如果达到了以上方面的要求，我们可以认为它是成功的、有效的，否则这个系统就是失败的、无效的。

（二）利用效益

利用效益指的是信息化系统能够进行各种专职性信息利用的程度。一般来说，满足度与针对性效益是成正比的。即满足度越高，其针对性效益也越高；满足度越低，针对性效益也越低,这种满足度主要取决于信息积聚的覆盖面,以及新增信息的周期性和及时性。由于社会对档案利用的专职性需求经常处于动态变化中,因此信息的积聚和扩充也处于动态的变化之中,即能够把社会的有用信息增补进整个信息系统,最大限度地满足专职性、特殊性信息利用的需要,提高信息利用的针对性。

(三)成本效益

档案信息化建设管理是一项长期的系统工程,特别是网络技术的运用,使整个系统的结构更加复杂,技术含量更高,因此在对系统进行使用和管理上,除了对管理人员有技术的要求外,在经济上也需要投入相当大的成本。一般系统维护和管理的成本效益主要包括两个方面:一是系统建设必须建立在科学和可靠的基础上,即必须有比较成熟的技术做支撑,确保系统建成后日常的维护和管理能够以相对较低的费用加以维持,而不会出现系统的功能发挥还算可以,但系统维护的庞大开支却难以支撑的情况,或者是系统建设先天不足,使用中毛病百出,致使在维护和管理上不断增加投入;二是系统的建设必须考虑今后功能的扩充和设备的升级,也就是说,系统在建设的过程中必须考虑以后系统升级的兼容性。如果一个系统建设得很好,但生命周期很短,几年之后就无法扩容,原来的系统就无法使用,只能购买新的系统,那么这样的系统建设就没有贯彻效益的原则。也可以说,这样的系统是不成熟的,是不被市场所推广和利用的。

在信息化建设管理的过程中,我们应始终贯彻效益的原则。这样可以使我们投入少量的资金,取得较好的经济效益,产生预期的效果,从而使档案信息化建设进入良性的发展轨道,加速信息化建设持续、稳定、健康地发展。

六、社会化原则

档案信息化建设管理涉及的范围广,工作难度大,需要的技术力量相对较强。这就决定了档案信息化建设仅靠档案馆自身的力量是远远不够的,必须依靠外在的社会力量才能胜任信息化建设的各项任务,这种依靠外在社会力量的做法,就是社会化原则的具体表现。

(一)建档的基础工作的社会化

建档的基础工作主要指各种原始档案信息资源的加工、整合和存储。由于档案馆的信息利用比较广泛,内容也相对较多,因此这方面的工作量也相对较大,面对比较丰富的馆藏资源要想进行信息化建设,仅靠档案管理人员去做是远远不够的,必须借助社会的力量来完成。比如，把档案数据录入的基本工作承包给专业公司来做，聘请有丰富经验的档案管理人员来帮助进行档案文件的著录工作等。档案馆要加强技术指导和质量的监督，把好质量关，这样能大大地减少了档案馆的建档工作任务，也使档案馆的工作人员有更多的时间钻研业务，在时间上保证了档案信息化的历史进程。

（二）系统的开发社会化

由于档案馆缺乏专业的软件开发人员，因此档案信息系统的开发必须依靠社会上专业的开发公司才能完成。在这个过程中，关键是要选择社会信誉高、技术力量雄厚的开发公司作为合作伙伴，现在比较可行的方法是通过招标的形式确定合作伙伴。但并不是说档案馆就没事可做，由于系统的开发涉及专业的档案管理的应用，一些开发公司并不了解档案管理的业务。因此在借助社会力量进行开发的过程中，应该派有经验的档案管理人员积极参与，了解整个开发过程，特别应该注意掌握和了解一些程序技术的关键点，防止在今后的使用中一出现程序问题就束手无策，同时也防止在今后的使用中被开发商牵着鼻子走的被动局面。这样也为以后单位自己为软件升级换代打下良好的基础。

（三）系统管理的社会化

随着IT行业的不断发展，近年来软件公司也拓展了服务业务，开始接受管理系统的委托服务。对于一些比较小的档案馆，可以考虑采取委托管理的办法来进行信息系统的日常维护和管理。这种委托公司的做法好处是：可以节省人力，弥补单位人员不足的缺点，同时可以节省在系统维护方面的经费开支，系统出现什么问题都由托管方负责处理。从不利的方面考虑：主要是缺少了使用的自主权，在信息扩容、系统升级和更新方面不能及时进行，需要和委托方商量才能解决，在一定程度上制约了信息系统的拓展。如果寻找的软件公司人力缺少、业务繁忙或技术力量不十分强，那么整个系统的升级运作将会受到阻碍。但委托服务作为一项社会化的内容有其存在的合理性，并且今后随着第三产业的不断发展壮大，社会监管力度的不断加强，社会服务质量的不断提高，IT行业服务领域的拓展和完善以及档案管理人员的进一步精减，系统管理的社会化服务必将得到进一步的发展，服务行业在运行的过程中出现的一些弊端会不断得到改进，相信服务行业必将为信息化的发展起到积极的推动作用。

七、数量和质量统一的原则

数量和质量相统一，是我们开展各项工作经常要遵循的一个重要原则。在档案馆信息化建设管理的过程中，同样必须遵循这一原则，而且更具有现实意义。档案馆信息化功能和作用的发挥，一个十分重要的因素是整个系统必须达到一定的信息量，也就是说信息化首先是以一定的信息量为基础的。只有把其中不同门类的信息积累在一起，才能够满足用户不同利用的需要，才能真正显示出信息化的优越性。但是集聚的这些新信息必须是有一定质量的信息，这就决定了档案馆信息必须遵循质量和数量相统一的原则。这一原则不同于传统意义上的数量和质量统一的概念，而有其很强的针对性。主要体现在以下三个方面。

（一）基础信息数据数量和质量的统一

在档案馆信息化建设的过程中，如果整合和存储的基础性数据，如案卷级目录、文件级目录等没有达到相当的数量规模，所谓的信息化将大打折扣。如果有了数量庞大的基础性数据，但这些数据的质量却有问题，将会直接影响信息检索的正确性，严重时将影响信息检索的顺利实现。就信息化功能的实现来说，基础数据的数量决定和限制了信息化的辐射面，而基础数据的质量将决定和限制利用者直接的利用效果，因此数量和质量的保证，是确保信息有效检出和利用相辅相成的两个方面，必须高度重视。为贯彻这一原则，在实现信息化的过程中，既要考虑使基础数据的整合和存储达到一定的存储规模，同时必须严把质量关，确保每一条基础数据都符合规定的质量标准，使整个信息系统的功能得到最充分的实现。

（二）系统功能与系统稳定运行的统一

人们在实施信息化建设的过程中，通常希望所建立的系统具有多方面的功能，能够满足多方面的要求，这可以说是对系统功能作用发挥的数量要求。而从信息化能够收到实效的实际经验来看，整个系统的稳定运行，确保其设计的功能能够实现也很重要。这可以说是对系统平稳运行的质量要求。而在实际过程中，系统多项功能要求的实现，同时也给系统运行本身带来很重的负担。它对系统的稳定运行是一种负担，同时也是一种威胁。所以，新系统功能的强大和系统稳定运行，通常是信息化过程中一对突出的矛盾。

一个强大而又运行稳定的系统是人们所期待的，但实现这个愿望通常充满风险和压力。也就是说，越是功能强大的系统，要保证其稳定运行，付出的代价将更大，负担将更重。为此需要在实际建设中正确把握系统本身建设的数量和质量要求,既不能好高骛远,不切实际地要求系统具有多方面的功能,也不能因陋就简,在低水平上重复;既要有创造性,敢于突破,又必须扎实稳妥,注重实效,以确保系统的多功能性和稳定运行达到圆满的统一。

(三)经费投入的数量与信息化建设的质量相统一

档案管理中的信息化建设管理是一项规模宏大的工程,尤其是一项需要投入巨额经费的建设。为此必须贯彻因地制宜原则,确保投入的经费能取得理想的效果,防止贪大求全,不计成本,忽视效果的做法。为此,在信息化过程中需要制定严密的制度,通过信息化系列的环节,对经费投入后建设的质量进行检测和评估,对于质量达不到要求的要采取措施加以整改,以确保工作质量。同时,按照经济管理学投入产出的原理,对于信息化所做出的巨额投入,应该要求有相应的产出。

当然,由于档案信息化作用的发挥在很大程度上具有公益性,不能简单以经济收益的多少来要求和衡量其产出的效能,而应该从社会效益和经济效益两方面来综合评估所产生的效能。比较而言,档案馆所固有的特点,决定了社会效益的产出将是对档案馆信息化评估的一个重要方面。此项内容的贯彻,对于避免考虑不全所造成的浪费,防止没有经过科学规划和严密论证而盲目建设和决策失误等,带来的损失都具有十分重要的意义。

第四章 档案信息化管理与建设的设施基础

第一节 网络基础设施

档案信息化管理与建设的网络基础设施是针对档案信息化的特殊要求而建设的档案信息收集、管理、存储、利用和传输的技术平台，它将分布在不同地域、不同部门的档案信息资源连接起来，通过信息资源的互通互联、集成共享，充分提升档案信息化的整体效能。

一、服务器

服务器，承担档案信息化数据存储、管理和应用系统运行的任务，具有高速度、高可靠性、高性能、大容量存储等特点，为各用户端的访问提供各种共享服务。

服务器是网络环境中的高性能计算机。所谓高性能，是指服务器的构成虽然与一般PC（计算机）相似，但是它在稳定性、安全性、运行速度等方面都高于PC。因为服务器的CPU（中央处理器）、芯片组、内存、磁盘系统等硬件配置都优于PC。服务器接收网络上的其他计算机终端提交的服务请求，并提供相应的服务。为此，服务器必须具有承担和保障服务的能力。档案计算机网络系统建设可根据需要提供的功能、性能、数据量等配置一台或多台服务器。

（一）服务器功能的确定

服务器按照提供的服务可以分为：文件服务器、应用服务器、数据库服务器、Web服务器等。由于档案管理系统的目录和全文数据量庞大，一般来说，应配置数据库服务器或文件服务器。如果涉及多媒体档案管理，为了提高系统性能，可以配置多媒体数据库服务器。此外，还可配置运行档案管理应用系统的应用服务器，不同级别或地域的档案部门可根据系统的规模，各自配置或集中配置应用服务器。如需实现档案数据网上查询服务的，需要配置web服务器；如需加强档案馆安全管理的，需要配置数据备份服务器;为了支持办公自动化系统中大量电子邮件发送的,也可配置专用的 E-mail 服务器等。

(二)服务器数量的确定

根据本单位投入资金的多少、信息化应用的功能需求、数据的存储和分布要求等来考虑服务器的数量。原则上 FTP(文件传输协议)服务器、E-mail(电子邮件)服务器、Web(互联网)服务器、内部业务服务器、数据服务器等都需要单独建设,但考虑到资金和安全等因素的限制,应至少建设一个支持办公管理的业务服务器、提供对外服务和内部公共服务及允许外网访问的公共服务器、支持档案管理工作运行并提供档案数据存储和管理服务的档案数据专用服务器。

(三)服务器性能的确定

不同架构、不同品牌、不同档次的服务器,其性能、质量、价格有很大的差别,选择服务器时要综合考虑档案业务的需求和资金条件,同时还要考虑选择能够提供良好服务的供应商。每个服务器的性能主要取决于 CPU、主板和服务器芯片组的性能,服务器系统的功能性与可靠性取决于每台服务器的功能和服务器集群的部署与连接方式。

(四)操作系统的选择

每台服务器上安装的第一个软件就是操作系统。它是控制和管理计算机硬件与软件资源、支持计算机联网通信、提供多种应用服务的基础软件,也是各类应用程序加载、运行的软件支撑平台。

操作系统按照应用领域可分为桌面操作系统、服务器操作系统和嵌入式操作系统。一台服务器能够安装和兼容哪一类操作系统一般在出厂时就已基本确定,用户在选购服务器时也会连同操作系统一起购买。操作系统的选择同时还需要考虑用户所选用的核心业务系统,如档案管理信息系统的应用程序运行模式、所需要的操作系统与数据库管理系统的支撑环境等。

(五)服务器连接与工作方式的确定

为确保网络数据的安全存储与高效访问,网络上的服务器通常采用集群工作方式实现互联,具有灾难备份系统的还可以在异地建立镜像服务器系统,服务器之间的通信与数据交换方式是根据业务系统的需要而定,可以是实时的,也可以是定时的。

二、应用软件

　　系统软件的特点是通用,它并不针对某一特定应用领域。而应用软件的特点是专用,即针对特定的管理业务,应用于某些专用领域的信息管理。如用于政府信息化的电子政务系统、用于企业信息化的电子商务系统、用于辅助行政办公和决策的办公自动化系统、用于机关档案室信息化的数字档案室系统、用于档案馆信息化的数字档案馆系统等。这里所指的应用软件具有以下特点:一是在特定的操作系统环境下,运用特定的软件工具研制而成;二是针对特定的信息处理需求和管理业务需求进行设计开发,且应用于特定的专业领域、行业、单位或辅助特定的管理业务。

　　数据库管理系统DBMS,是操纵和管理数据库的一组软件,用于建立、使用和维护数据库。DBMS具有以下功能:一是描述数据库,运用数据描述语言,定义数据库结构;二是管理数据库,控制用户的并发性访问,数据存储与更新,对数据进行检索、排序、统计等操作;三是维护数据库,确保数据库中数据的完整、安全和保密,数据备份和恢复,数据库性能监视等;四是数据通信,利用各种方法控制数据共享的权限,在确保数据安全的前提下,广泛共享数据。

　　各种工具软件:工具软件是指为支持计算机软件的开发、维护、模拟、移植或管理而研制的软件系统。它是为专门目的而开发的,在软件工程范围内就是为实现软件生存期中的各种处理活动(包括管理、开发和维护)的自动化和半自动化而开发的软件。开发软件工具的最终目的是提高软件生产率和改善软件运行的质量。

三、终端设备

　　终端设备是经由通信设施向计算机输入程序、数据或接收计算机输出处理结果的设备。这里所说的终端设备主要是指用于各类用户访问服务器或进行档案信息处理工作的主机、外存储器、输入和输出设备等。其终端设备有显示器、音箱、打印机、传真机等。其他类别的终端设备有无线、路由器、网卡、U盘、移动硬盘等。目前,档案网络终端设备的主机大多为PC机,又称终端机。影响终端机处理能力与速度的是主板、CPU、内存、显卡等组成计算机的核心部件,它的选择要根据业务人员的工作要求进行。

　　终端机从网络应用的角度又称为"客户端",常见的客户端分为两类:一类是胖客户端,是指主机配置较高档、数据处理能力较强的客户端,如一般工作中的PC机,它负责网络系统中大部分的业务逻辑处理,以减轻服务器的压力,降低对服务器性能的要求，因此对客户机的性能要求比较高；另一类是瘦客户端，是指数据处理能力比较弱的客户端，它基本上不处理业务逻辑，只专注于通过浏览器来显示网络应用软件的用户界面，数据储存和逻辑处理基本上由服务器集中完成。网络终端机经历了从胖客户端到瘦客户端的发展历程。

目前，档案信息管理系统的网络终端大多为胖客户端，然而瘦客户端在档案信息化建设中的应用前景也不容忽视。瘦客户端配置的优越性：有利于档案数据的集中存储、高效管理和广泛共享利用；有利于对档案信息共享权限的集中控制和安全管理；有利于网络系统的维护、扩展和升级，通过客户端的即插即用，可提高网络维护的便捷性和可靠性；有利于节约档案网络系统建设和维护的成本；有利于云计算技术在档案网络系统中的应用。此外，由于瘦客户端一般不配置软驱、光驱、硬盘等部件，所以能杜绝病毒产生的来源，不易损坏，能显著提高系统的稳定性。

CPU 的技术指标主要由主频、总线速度、工作电压等决定，它也决定了计算机系统的技术效能和档次。一般来说，主频和总线速度越高，计算机系统运行的速度越快；工作电压越低，计算机电池续航时间越长，运行温度降低，也使 CPU 工作状态更稳定。当前各种移动终端的发展和普及就是得益于 CPU 技术的迅猛发展。

四、网络设备

网络设备是指用于网络连接、信号传输和转换等的各类传输介质、集线器、交换机、路由器、光电转换等设备。为了正确配置网络设备，首先需要确定档案信息网络连接的范围。范围需要根据档案工作的内容、档案数据共享范围和密集程度来确定，一般分为内网、专网、外网和物理隔离网四个区域。内网是档案馆的内部局域网，一般部署在一幢建筑物内部或相邻近的大楼之间，覆盖大楼的不同楼层和房间。专网，即档案工作专用网，一般部署在档案形成单位与档案室、档案馆之间，或档案馆与档案馆之间。外网，即与互联网相连接的提供对外服务的网络，主要是方便档案利用者查询公开上网的档案信息。物理隔离网，是由一台或多台与任何其他网络在设备和网络线路上完全隔离的终端机或服务器系统，用以存放和管理保密档案。网络体系的结构主要有三种，这三种不同结构有不同的特点和适用范围，也有不同的网络连接设备。

总线结构。它是通过一根电缆，将各节点的计算机系统连接起来。该结构连接简单，易于安装，传输速率较高，便于维护。缺点是任何节点的故障，都会影响整个网络的运行。这种结构适用于 10~20 个工作站的小型档案馆。

星型结构。该结构将网络中的所有节点都连接到一个集线器上,由该集线器向目标节点发送数据。因此,该结构不会因一台工作站发生故障而影响整个网络。缺点是一旦集线器发生故障将影响整个网络。这种结构适用于网络节点位置分散的大型档案馆。

环形结构。该结构连接各节点的电缆组成一个封闭的环形,结构简单,相对容易控制,但由于在环中传输的信息必须经过每一个节点,任何节点的故障,都会使这个网络受阻,因此在档案馆网络建设中很少使用。

目前,档案馆局域网中使用最多的是以太网,其拓扑结构是总线型或星型,传输介质可以是同轴电缆或双绞线,具有建设投资小、网络性能好、安装简单、网络互操作性强、数据传输速度快等优点,其缺点是当网络信息流量较大时性能会下降。因此,以太网被广泛应用于中小型档案馆。网络连接设备分为内网和外网连接两类。内网即局域网,其连接设备包括网卡、集线器、中继器、交换机等。外网即互联网以及与互联网相连的广域网、城域网等,外网间连接设备包括网桥、路由器、网关等。网络设备还有用于保护档案数据、信息系统和网络平台安全的硬件设施及其他配套设备,如用于终端机和服务器等数字设备的断电保护,使得数字设备在断电之后仍能正常运行,提升系统运行的稳定性、可靠性。

第二节 数字化设备

数字化设备是指将传统模拟档案信息转换为数字档案信息的设备。数字化设备是建设数字化文本、图像、声音和影像档案资源必不可少的设备。是否正确选择和使用数字化设备,直接关系到档案数字化的质量和效率。

一、纸质档案的数字化设备

纸质档案是指以纸张为载体的档案,占据了我国馆藏档案的绝大多数,因此对其进行数字化加工是档案数字化的主要任务。由于传统照片、底片记录的照片档案数字化与纸质档案数字化相类似,因此本节所介绍的数字化设备也包括照片,底片档案的数字化设备。

(一)扫描仪

扫描仪是利用光电技术和数字处理技术,利用扫描方式将图形或图像信息转换为数字信号的设备。扫描仪是目前纸质档案数字化的主要设备。正确选择扫描仪对于提高纸质档案数字化的效率和质量十分重要。

扫描加工是馆藏中纸质、照片、缩微品等档案转变为数字化信息的主要方法，数字扫描仪是进行数字化处理的主要工具。在选择和使用扫描仪时，需要了解扫描仪的工作原理、分类方法、技术指标等，以实现对扫描设备的正确选择和科学使用。

扫描仪基本工作原理。扫描仪通过对原稿进行光学扫描，将光学图像传送到光电转换器中变为模拟电信号，又将模拟电信号转换成为数字电信号，并通过计算机接口传送至计算机中。

扫描仪的工作方式主要有反射式和透射式两种。大多数平板扫描仪采用反射式扫描原理。在扫描仪内部，有一个步进电动机驱动的可移动拖架，拖架上有光源、反射镜片、透镜和CCD光电耦合元件等。扫描时，原稿固定不动，拖架移动，其上的光源随拖架移动，光线照射到正面向下的原稿上，其过程类似复印机。图片反射回来的光线通过反射镜片反射到透镜上，经过透镜的聚焦，投影到CCD光电耦合元件上，经过光电转换形成电信号，然后进行译码，将数字信号输出。

采用透射式扫描原理的扫描仪一般有两类：一类是专用胶片扫描仪，另一类是混合式扫描仪。专用胶片扫描仪的结构紧凑，反射镜片、透镜、CCD和光源安装在固定架上，不能移动，可移动的是胶片原稿。扫描时，固定在移动架上的胶片原稿由步进电动机带动，进行缓慢移动，光源发出的光线透过胶片照射到反射镜片上，经过反射、聚焦，由CCD元件转换成电信号，最后经译码传送到主机中。混合式扫描仪是在普通平板扫描仪上增加一个带有独立光源和相应机构的配件，该扫描仪具备了透射式扫描的特点，可扫描胶片的芯片和负片。在扫描时，胶片原稿固定不动，移动拖架在步进电动机的带动下移动，顶部的独立光源也同步地移动，该光源的光线穿透胶片照射到移动拖架上的反射镜片、透镜和CCD元件上，变成电信号，最后经过译码，把数字化图像送到主机中。

扫描仪的种类：由于广泛的社会需求，近年来，随着数字化扫描技术迅速发展，扫描仪的种类越来越多，用途越来越专业。目前，按扫描速度可以将扫描仪分为高速、低速两种；按工作原理可以将扫描仪分为手持式、平板式、胶片专用、滚筒式和CIS扫描仪等类型。

随着扫描仪使用的普及，人们对扫描仪的精度、准确度、灵敏度、速度等都提出了较高的要求，扫描仪的生产厂家也在RGB同步扫描技术、高速图像处理技术、色彩增强技术、智能去网技术、光学分辨率倍增技术等方面不断研究和进步。同时，为了更好地满足用户的特殊使用要求，生产厂家将各种技术、图像处理系统与扫描仪的使用相结合，开发出以人为本的功能更强、性能更好、使用更方便的零边距、无边距、无盲区、无变形、自动翻页等扫描仪。如全息无损、自动定位高速采集、超大幅面、智能化图文优化、图像文件批量处理等都是一些新型产品具有的特点，大大提高了扫描加工的效率，降低了扫描加工人员的劳动强度。

（二）模数转换技术

声像档案的数字化过程与纸质档案完全不同，这是因为传统的声像都采用模拟的磁带、录音带、录像带来保存，其必须通过模拟到数字转换才能实现数字化。

模数转换是将模拟输入信号转换成二进制数字信息的一种技术，主要包括采样、保持、量化和编程四个过程，实现这些过程的技术很多，并采用这些技术研制出各种转换设备和系统，在开展声像档案数字化过程中必须了解和熟练掌握这些设备的功能、性能和操作程序。模拟声像档案数字化的核心过程就是要完成声像档案的数据采集与数字化转存，实现声像档案从模拟数据向数字信息的转化。这个过程主要依靠模拟声像资料播放机数模转换线、视频采集卡、影像工作站等设备搭建的声像数模转换系统完成。声像数据的数字化转换过程是实时的，即一个小时的模拟声像资料转化为数字格式同样需要一个小时。

（三）OCR 文字识别技术

档案内容数字化工作包括数字化预加工和深加工两步。预加工是通过扫描处理将纸质档案、照片档案、缩微胶片等转变为电子图像文件，不能将纸质档案上的文字信息进行完全处理；深加工则是需要获取档案内容中的文字信息，以提供档案的全文检索服务。

光学字符识别 OCR 就是用于从数字化档案的图像文件中，以获取档案标引信息和全文信息的一种技术。档案数字化加工的主要步骤包括图文输入、预处理、单字识别及后处理。

图文输入。它是指实现档案原件的数字化，通过扫描设备或数码拍照等方式形成档案的数字化图像文件。

预处理。它是在对数字化档案的图像文件进行文字识别之前做的一些准备工作，主要包括版面分析、图像净化、二值化处理、文字切分等。这一阶段的工作非常重要，其处理效果将直接影响到识别的准确率。

单字识别。它是文字识别的核心技术，主要包括文字特征抽取和分类判别算法。

人之所以能够通过大脑简单地认识文字，是因为大脑中已经保存了文字的基本特征，如文字的结构、笔画等。要想让计算机识别文字，首先也要存储类似的基本信息。那么，存储什么形式的信息以及如何提取这些信息，则是一件比较复杂的事情，而且需要达到很高的识别率。通常采用的方法是根据文字的笔画、特征点、投影信息、点的区域分布等进行分析，常用的分析方法是结构分析和统计分析方法。

后处理。它是指对识别出的文字进行匹配，即将单字识别的结果进行分词，与词库中的词进行比较，以提高系统的识别率，降低误识率。对于文字的识别，从文字类型上划分，通常分为印刷体文字的识别和手写体文字的识别；从识别的方式划分，通常分为在线识别和脱机识别。由于印刷体和手写体的文字特征差异较大，所以其处理方法是不相同的。

（四）数码翻拍仪

随着数码影像技术的飞速发展，一种新型的数字化设备——数码翻拍仪正在悄然流行。数码翻拍仪，又称数码拍摄仪、数码缩微仪等，是一种将数码相机安置在可垂直调节高低的支架上，用以拍摄文件材料或其他实物的数字化设备。目前，市场上数码翻拍仪按照翻拍性能、翻拍对象、尺寸等分为多种。

1. 数码翻拍仪与扫描仪相比所具有的优越性突出

（1）数字化速度快。平板式扫描仪每扫描一页文件都有扫描灯管的往复移动和翻盖的过程，扫描速度较慢，若采用200dpi来扫描A4幅面真彩图像，每分钟扫描、加工数量一般为1~2页，而高速扫描仪对档案的纸张质量要求较高，容易损坏档案，因此有一定的使用局限性。用数码翻拍仪拍摄文档没有机械运动的过程，只是曝光一下，速度不到1秒，扫描、加工数量一般可以达到每分钟8~20页。

（2）对档案材料损害小。平板式扫描仪扫描装订的档案时，难以做到平整扫描，扫描的图像通常会倾斜或扭曲，导致后期处理工作量增加；高速扫描仪不拆档案根本无法加工。数码拍摄可以省略档案拆装过程。应用数码翻拍仪提供的低畸变镜头和图像变形处理软件，可以解决拍摄档案倾斜线条变形等问题，这不但大大提高了数字化处理的效率，而且可以避免档案在拆装过程中造成的损失。

（3）加工对象直观。用扫描仪扫描文档，若要在扫描前浏览扫描图像的效果，一般需要选择扫描仪预览功能，这样就降低了扫描加工的速度。而数码翻拍仪的全部操作过程直观可见，即真正做到"所见即所得"。

（4）加工对象不限于纸张。扫描仪一般只能扫描纸张材料，数码翻拍仪除了扫描纸张材料以外，还能翻拍特种载体的档案，如奖旗、奖牌，甚至奖杯等立体的物体。

（5）便于调节扫描幅面。一般扫描仪只能扫 A4 幅面的纸质材料，扫大幅面图纸的扫描仪价格十分昂贵，利用率也不高，不适宜于一般机构配置。数码翻拍仪只要调节数码相机与底板的距离，就能灵活地选择拍摄不同幅面的纸质档案，这对于扫描尺寸频繁更换的档案特别具有优势。

2. 数码翻拍仪与传统翻拍仪相比所具有的优越性

（1）传统翻拍仪采用传统相机进行档案拍摄和缩微，与之相比，数码翻拍仪具有以下显著优势：使用成本低。传统的翻拍仪拍摄需要胶片，拍摄后需要冲洗显影，阅览需要购置专门的缩微阅读仪，使用成本和人力成本都比较高。数码翻拍仪的翻拍与普通数码相机一样，使用不需要耗材，拍摄图像有问题时，可立即重拍。拍摄形成的照片，任何计算机系统都可以阅读。

（2）图像处理便捷。传统的翻拍仪形成的缩微片图像很难进行处置。数码翻拍仪形成的影像电子文件可以灵活加工处理，如纠偏、去污点、去黑边框等；应用翻拍仪自带的 OCR 软件进行字符识别，将扫描形成的图像文件识别成可编辑的 Word、PDF 等格式文件，进行二次编辑与加工；应用图像处理软件，将扫描中出现的线条扭曲、图像变形等问题进行纠正，有些数码翻拍仪还自带防畸变镜头，可以自动纠正大幅面图纸拍摄中四周弯曲的线条。

（3）便于计算机技术应用。传统翻拍的缩微胶片不便于查找、传递、编辑、整理，这些缺点都是数码翻拍技术的优势。数码翻拍仪形成的电子文件，具有采集高效、处理灵活、传播迅速、检索快捷、多媒体集成、生动直观等缩微技术难以比拟的优势。

（4）充分整合了数码相机技术。传统的翻拍仪一般只翻拍成黑白胶片，数码翻拍仪不仅能翻拍成黑白图像，还能翻拍成彩色图像。数码翻拍仪借助高分辨数码影像技术，拍摄图像清晰逼真、色彩丰富；支持色差、亮度、对比度、饱和度、伽马值等后期图像增强功能；能通过 USB 接口直接连接电脑，将拍摄的档案文件直接在电脑中显示或通过邮件发送出去，实现档案的无障碍传播；USB 能直接给翻拍仪供电，不需要另插电源；将所有拍摄操作按钮都整合在底板上，操作十分简便；突破传统使用扫描枪扫描条形码识别的方式，用户只需鼠标轻点，即可完成条码识别，不但提高了工作效率，也省下购买扫描枪的费用；可拍摄录像，将动态的图像，如手工翻阅档案的过程记录下来，用作视频编辑的素材。

（5）灵活使用各种数码拍摄设备。有些数码翻拍仪的活动支架可以固定数码相机、手机等各种拍摄设备，用户可以借助拍摄设备翻拍档案材料。

3. 数码翻拍仪的应用范围

数码翻拍仪是传统的复印、扫描、投影、拍照、录影等技术的融合，兼有这些技术的优点，它无论是对传统的翻拍缩微还是扫描技术来说都是一场变革，受到社会各领域的普遍关注和应用。目前，该技术已经广泛用于政务领域红头文件、往来信函等文件翻拍；银行传票、合同、抵押担保、会计凭证和信用卡等文件翻拍；证券期货行业股东账户开户、买卖合同、股东身份等文件翻拍；保险行业合同、发票、身份证等文件翻拍；工商税务行业税务年检等业务文件翻拍；学生学籍、成绩单等档案翻拍；国土行业房地契、图纸、合同等档案翻拍；司法行业往来信函、红头文件、法律文件、卷宗等档案翻拍；医疗行业病历、处方等档案翻拍；公安部门案件档案翻拍等。

4. 数码翻拍仪在纸质档案数字化中的应用前景

尽管数码翻拍仪已经在各政府机关、企事业单位得到广泛的应用，但是在档案信息化中使用较少。其原因之一是档案界人士对这种设备的发展现状和趋势不够了解，以为它就是传统的缩微翻拍仪。由上述分析可知，它特别适用于以下情况：一是中小型企事业单位办公室或业务部门对尺寸频繁变化的文件材料进行数字化；二是各级各类档案馆或机关档案室对纸质材料老化，不便于拆卷的档案进行数字化；三是建筑设计、制造业等企业未购置大型扫描仪，又需要对大幅面图纸档案进行数字化；四是对奖旗、奖牌等实物档案进行数字化；五是对尚无条件对纸质档案数字化，但在利用时临时需要对查阅的档案进行数字化，以便通过网络提供远程查档服务。鉴于数码翻拍仪具有使用成本低、拍摄精度高、速度快、操作简便，便于做 OCR 字符识别和其他图像处理等特点，相信会吸引越来越多的档案用户，随着数码翻拍仪应用范围的扩大，数码翻拍仪的功能和性能将会不断改进和完善。因此，它有可能在不远的将来，部分取代扫描仪，成为纸质档案数字化的得力工具。

（五）缩微胶片扫描仪

已经对纸质档案进行了缩微复制，可以采用专用设备——缩微胶片扫描仪，对缩微胶片上的影像进行数字化转换处理。缩微影像转换技术的应用，包括对缩微胶片进行扫描，把缩微模拟影像转换成数字影像，进行存储、还原和检索输出等。

缩微胶片扫描的优缺点。与纸质档案扫描相比，缩微胶片扫描的主要优点是：扫描速度快，节约时间和成本；没有尺寸和形状的局限，可以同时对各种幅面的纸质档案进行扫描；缩微胶片可以继续留存，作为数字档案备份的一种形式；可以进行批处理，操作简便易行；便于对图像做调节亮度、对比度、拉直和裁剪等优化处理；易于对输出的图像信息进行检索、阅读、打印和传递。缩微胶片扫描的主要缺点是：所得的图像已经是第二或第三次转化，失真明显，图像虽然可以强化，但有时效果不明显；一些胶片的状况较差，出现了划痕、装订线阴影等，影响扫描影像质量；扫描仪的分辨率不足以捕获原件所有有价值的信息。

缩微胶片扫描设备的选择。缩微胶片扫描仪相对于纸质档案扫描仪，扫描效率要高得多。目前，缩微影像转换成数字影像的技术日趋成熟。选购缩微胶片数字扫描系统，既要考虑产品的技术领先，又要考虑实用以及性价比。选购时应考虑胶片类型，如缩微平片、封套片、开窗卡片、16毫米胶卷、35毫米胶卷等；放大倍率的范围；扫描速度，即每单位分辨率，如4.5秒/400dpi；光学分辨率和输出分辨率，如300—800dpi等。

（六）纸质档案数字化的软件配置

纸质档案数字化除了必要的硬件设施外，还需要运行硬件设施所需的档案数字化工作软件。该软件有两大类：系统软件和应用软件。系统软件包括操作系统数据库管理系统等平台。应用软件是在上述软硬件平台的基础上实现数字化流程的文档扫描、图像处理和数据存储等功能的软件。这些软件可以从市场上购置，或从网络上免费下载，或随硬件设备配送获得。对于大批量纸质档案的数字化处理而言，仅仅靠上述分散的、专用的工具软件是不够的，必须采取系统集成方式，将整个数字化流程集合为一个统一的制作加工系统，开发出专用的"档案数字化加工管理系统"，实现对包括档案整理、目录建库、档案扫描图像处理、图像存储、数据质检、数据链接、数据验收、数据备份、成果管理等档案数字化加工全过程的流水作业和安全质量控制。

二、录音档案的数字化设备

1857年，法国发明家斯科特发明了声波振记器，这是最早的原始录音机，是留声机的鼻祖；1877年，爱迪生制造出第一部留声机；1898年，丹麦工程师普尔森发明了磁性录音；1963年，荷兰生产出音频盒式磁带机；到20世纪80年代，盒式磁带录音机迅速普及，这一技术被迅速应用于声音记录，许多单位用之录制领导讲话、会议座谈、文艺演出、名人采访等，形成许多重要的录音档案。

现存的模拟录音档案一般已有30年以上的历史，其内容十分珍贵。然而随着时间的流逝，使用次数的增加，加上不适宜的环境条件影响，其声音很容易衰减或消失,甚至由于没有了播放设备,无法还原。但是利用多媒体数字技术,把模拟录音带转录成数字音频档案,有利于录音档案的及时抢救、长期保存编研制作和共享利用。随着数码音像技术的普及,模拟录音档案的数字化也被提到重要议事日程上来。录音档案数字化比较容易实现,主要硬件有放音设备、存储设备和计算机等,录音档案数字化软件较多,可根据个人习惯和熟悉程度加以选择。

(一)录音档案数字化的硬件

传统放音设备。根据模拟数字化录音档案的规格、型号配置相应的放音设备,如开盘式放音机、钢丝带放音机、盒带录音机、电唱机等。放音设备必须能将声音源以电平信号的方式,通过音频输出插孔输出,若原设备不具有音频输出插孔,应进行改装。

模数转换设备。模数转换设备是录音档案数字化的核心部件,品质好的模数转换设备有低失真、低时延、高信噪比的特点。模数转换设备主要是声卡。声卡是多媒体技术中最基本的组成部分,是实现模拟信号和数字信号相互转化的一种硬件,其基本功能是将来自磁带、光盘、话筒等的原始声音信号加以转换。它的工作原理是将获取的模拟信号通过模数转换器,将声波振幅信号采样转换成一串数字信号,存储到计算机中。重放时,这些数字信号被输送到数模转换器,以同样的采样速度还原为模拟信号。声卡的技术指标主要有:一是采样频率,采样频率越高,声音越保真,目前,声卡的采样频率一般达到44.1kHz或48kHz;二是样本大小,当前声卡以16位为主,8位声卡对语音的处理也能满足需要,但播放音乐效果不是很好,而16位声卡可以达到CD音响水平。

内部声音混合调节器。内部声音混合调节器的主要功能是把不同输入源中输入的声音信号进行混合和音量调节,通常要求该混合器是可编程或可控制的。监听拾音设备,如监听音箱、监听耳机、话筒等。

(二)录音档案数字化的软件

数字化转换软件主要为音频制作软件。此外,Gold Wave 也是一种功能强大、占用空间少、免费共享的绿色软件,并且可以在互联网上免费下载。

三、录像档案的数字化设备

录像档案数字化的整个设备系统由四个部分组成:提供模拟视频信号输出的放像设备,如与录像带相配套的录像机、放像机等;对模拟视频信号进行采集、量化、编码的视频采集设备，通常由视频采集卡来完成；对数字视频进行编辑的编辑系统；数字录像档案的存储设备或存储系统。

（一）录像档案数字化的硬件

放像设备。放像设备要按照录像档案载体的不同而做出不同的选择。因为受到数字设备的冲击，许多传统的放像设备已经退出市场。曾经流行的模拟录像带及其播放设备按照制式来分，主要有VHS、Beta和8毫米等类型。VHS是家用视频系统的缩写，这种录像机采用带宽为1/2英寸的磁带，习惯称"大1/2录像机"。

目前，档案馆保存的模拟录像带中绝大部分是VHS带。Beta录像机采用不同于VHS的技术，图像质量优于VHS录像机，所用磁带的宽度也是1/2英寸，但磁带盒比VHS小，故又称"小1/2录像机"。8毫米录像机综合了VHS和Beta录像机的优点，体积小，图像质量高，所用磁带宽度仅为8毫米。模拟录像机不仅有制式的不同，而且按照其信号记录方式及保真度的不同可以分不同技术质量等级。不同制式、不同等级、不同品牌的录放设备及其不同性能的录像带，相互之间并不兼容，因此必须针对录像带的类型选择相应的放像设备。根据录像带规格、型号选用设备，如WHS放像机、3/4放像机等。普通模拟录像机可输出清晰度在200多水平线的模拟录像，高清晰度模拟录像机可输出清晰度在400水平线的模拟录像；数码摄像机可输出清晰度在500水平线的数字录像。档案部门保存的录像带形式各异，主要有小1/2带、大1/2带、3/4带等。与这些录像带匹配的可运行的放像机越来越少，档案部门应当尽快将这些珍贵的录像带做数字化处理，否则，这些古董放像机一旦淘汰灭绝，带中的影像就很难再现了。

视频采集设备。视频采集设备由高配置的多媒体计算机的内置或外置的视频采集压缩卡组成。录像档案数字化的一个重要工作是音像采集。所谓音像采集是指通过硬件设备把原录像带保存的模拟信号转换成数字信号采录至计算机中，以数字图像格式保存的过程。图像采集的过程是保证数字图像质量的关键环节，因此正确选择采集所使用的硬件设备即采集卡至关重要。目前，市面上的采集卡种类较多，档次功能高低不一，按照其用途从高到低可分为广播级、专业级、民用级视频采集卡，档次不同采集图像的质量不同。档案部门应采用专业级以上的视频采集卡。由于视频的数据量非常大，因此对计算机的速度要求很高。在未压缩的情况下，采集一分钟的视频数据可能超过几百兆，如果CPU和硬盘跟不上要求，将无法进行采集或者采集效果较差，如画面失真、停顿、掉帧等。

（二）录像档案数字化的软件

录像档案的采集、转换和编辑除了视频卡外，还需要借助视频采集软件和视频编辑系统来实现。通过视频采集软件，在实现录像档案的数字化采集之前，可以设定所需生成的视频文件格式，设置视频文件的各项参数，如调节录像信息的亮度、视频取样标准，以确保采集信号的质量。

采集软件。视频卡配套提供的视频采集软件功能相对简单，通常无法对视频信息进行复杂的编辑和转换。因此，对采集后的视频信息，在必要的情况下，可以使用专门的视频编辑软件，甚至功能强大的非线性视频编辑系统进行编辑处理。视频编辑与文本编辑类似，是将采集好的视频素材进行二次加工，如插入、剪切、复制、粘贴、拼接视频片段等，还包括字母、图形乃至不同视频、音频的叠加、合成等。通过上述处理，在不破坏真实性的前提下，可以使录像档案更加清晰、美观和生动，并对视频内容进行适当的引导、指示和标注。

编辑软件。视频编辑软件是对视频进行录制、切割、合并、重组、批量处理、格式转换等制作的软件。当前，随着针对各种需要产生的视频格式繁多，而流媒体格式因其在网络浏览和传输支持上的优势，得到越来越广泛的青睐。并且现今信息产业界已开发出许多功能强大、界面友好的视频处理软件。

第三节　数据存储设备与数据备份

档案数字信息的长期安全存储取决于存储设备的选择和存储技术的应用，是档案安全保管的重要内容。

一、数据存储系统

档案信息化数据存储是指数据以某种格式记录在计算机内部或外部存储介质上，其存储系统分别使用不同的存储介质和存储技术。

数据存储介质。从古至今，介质存储一直是保存档案的主流方式，不同介质承载的档案本质属性并无差别，都是人类认识世界和改造世界的历史记录，是社会的重要信息资源。人类曾以石器、竹器、纸张、磁带、缩微胶片等作为载体记录档案的内容，而在网络信息时代，档案的形成很大程度上依赖于计算机及其应用系统环境，档案信息以数字形式展现给人类。为了保存这些数字形式的文件和档案，人类发明了软盘、磁盘、光盘等存储数字信息的新型载体，使用这些载体，人们能够方便地存储、迁移、展示和传播档案信息，开展深入的研究开发工作，为社会提供档案的多样化服务。与传统档案载体相比较，数字形式的档案载体为公众提供了灵活、方便利用档案的机会，而对于习惯了保管传统载体档案的档案工作者来说，面临的新挑战是，如何将这些新型载体档案进行永久保存和广泛利用。

关于数字资源永久保存问题的研究，国内外已经有很多单位付出了努力，有的致力于延长数字信息载体的寿命，有的则在扩大载体的存储容量、降低存储成本上下功夫。然而，正是由于数字信息载体的更新换代太快、太频繁，尽管一代代产品的兼容性越来越好，但档案这一固定内容的"原始性不能被修改"的属性，决定了档案具有快速发展和频繁更新的特殊性，肩负保管社会历史记录重任的档案工作者，不仅要考虑档案信息利用的深度和广度，还需要重视档案的完整保存和真实有效。

因此，很多专家提出 21 世纪"双套制"工作策略并为很多单位所采纳，即将有保存价值的电子文件归档时做一套纸质备份或制作缩微胶片，延长档案的保存寿命，将存储在数字信息载体上的档案主要用于提供利用服务和载体备份。

"双套制"是过渡时期档案管理的一种可操作解决方案，在一定程度上减轻了档案工作者保存档案的压力，但增加了管理过程的成本。在实际工作过程中，很多单位采用纸质、缩微数字信息载体各制作一套备份的方法，尽管这样制作成本、管理成本呈现持续上升的趋势，但是随着档案信息量的增大，这种方式很难持续较长的时间。另外，并不是所有的数字档案都能够制作纸质或缩微的备份，只能以数字载体形式进行存储，这就需要加强管理，制定长期保存数字档案数据的管理规范和规章制度。在选择较长寿命存储载体的前提下，定期进行检查，根据需要做数据迁移，并在数据迁移的过程中确保档案的真实、完整和有效。

目前，数据存储介质主要有磁存储介质、光存储介质和电存储介质三种。

（一）磁存储介质

磁存储技术是将声音、图像和数据等变成数字电信号，通过磁化磁介质来保存信息。磁存储介质主要有硬磁盘、磁带、磁盘阵列、磁带库等。

1. 硬磁盘

它是由若干盘片重叠在一起放入密封盒内组成，盘片的结构类似软盘，盘片一般用合金或玻璃材料制作，磁性层则一般使用 $\gamma\text{-}Fe_2O_3$ 磁粉、金属膜等制成。硬盘的存储量大，数据传输速度快；硬盘盘片与驱动器装在密封容器内，不易受周围环境影响，工作稳定性好、可靠性高，由此常作为网络数据传输的在线存储介质。硬盘按尺寸分，有5.25英寸、3.5英寸、2.5英寸、1.8英寸等。5.25英寸硬盘早期用于台式机，已被淘汰。3.5英寸台式机硬盘广泛用于各式电脑；2.5英寸硬盘广泛用于笔记本电脑及移动硬盘；1.8英寸微型硬盘广泛用于超薄型笔记本电脑、移动硬盘及苹果机播放器。按转速分，有5400转/秒、7200转/秒、10000转/秒和15000转/秒。按存储方式分，有固态硬盘、机械硬盘、混合硬盘。相对于机械硬盘，目前的固态硬盘有存取速度快、耗电量小、稳定性好等优点，也有存储量小、价格昂贵等缺点。混合硬盘则扬长避短，这值得档案工作者关注。

2. 磁带

一般由聚酯薄膜带基和附着在带基上的磁性涂层，经过磁性定向、烘干、压光和切割等步骤制成。磁带存储容量大，数字磁带的最大容量已经达到TB级，在数据备份和档案文件存储等方面一直占据着重要的地位；成本适宜，操作方便，只要通过一定的驱动器就能顺利地读取。但是，磁带是串行记录方式，存取速度较慢；工作方式为接触式，易使磁带、磁头磨损。鉴于磁带的这些特点，它适合用在按顺序存取数据、存储量大而读写次数少的电子档案备份系统中，可作为硬磁盘数据长期备份的存储介质。

3. 磁盘阵列

它是应用磁盘数据跨盘处理技术，通过组合多个硬盘，把多个读写请求分散到多个硬盘中，来突破单个磁盘的极限，并使其协同工作。在使用过程中如同仅使用一个硬盘，却获取了比单个存储设备更快的速度、更好的稳定性、更大的存储能力、更高的容错能力。它可以按照用户对于存储容量的需求进行阵列配置，从而达到海量存储的要求。磁盘阵列系统存储容量大、安全性高。数据存储在多个磁盘组成的磁盘组上，通过数据的冗余存储，可在一个或多个磁盘损坏、失效时，防止数据丢失；磁盘阵列通过并发读写，能够提高数据的存取速度，把多个硬盘驱动器连接在一起协同工作，它大大提高了数据的读写功能。

4. 磁带库

它是一种机柜式的、将多台磁带机整合到一个封闭系统中的数据备份设备，是离线存储系统中的关键设备之一。它主要由磁带驱动器、机械臂和磁带构成，可实现磁带自动卸载和加载，在存储管理软件的控制下具有智能备份与恢复、监控统计等功能，能够满足高速度、高效率、高存储容量的要求，并具有强大的系统扩展能力。磁带库具有自动备份和恢复功能，可实现数据的连续备份，也可在驱动管理软件控制下实现智能恢复、实时监控和统计；存储量大，存储容量达到 PB 级，备份能力也很强大，是集中式数据备份的主要设备。

（二）光存储介质

从磁存储到光存储是信息记录的飞跃，光存储是利用光学原理读或写的。光存储技术是采用激光照射介质，激光与介质相互作用，会导致介质的性质发生变化而将信息存储下来的。读出信息是利用定向光束在存储介质表面进行扫描，通过检测所经过点的激光反射量，读出所保存信息的一种技术。光存储介质有光盘、光带、光卡、光盘塔、光盘库等，其中以光盘应用最为广泛。光盘是继磁性介质之后，产生的又一种新型的数字信息记录介质。它具有存储密度高、信息容量大、稳定性好、可移动、成本低等特性，也是电子档案的重要存储介质。光盘通常分为 CD、DVD、蓝光光盘等三种。

1.CD

CD 光盘采用红外激光器读取数据，存储容量较大，存储成本相对较低；在日常使用中易发生磨损，造成数据被错误读取和解析；在受力不均时易发生变形，造成数据无法读取。CD 采用单层储存形式，容量一般为 700M。由于光盘技术的迅速发展，目前该类光盘已经趋于淘汰。

2.DVD

DVD 与 CD 的外观极为相似，直径都是 120mm，一般单层容量约为 5G，DVD 分为预录制和可录制光盘两种。预录制光盘的数据只能由厂商用专用设备录制。可录制光盘又分为一次写入型和可擦写型两种。一次写入型光盘可用光盘刻录仪一次性刻录数据，但不能擦除。档案部门可利用这种光盘的特点，保存档案信息，防止归档电子文件被改写和篡改。可擦写型光盘录入的数据可擦除和重写，可反复使用。

3.蓝光光盘（BD）

目前主流的单层 BD 容量为 25G，可刻录长达 4 小时的高清视频；双层 BD 容量为 50G；多层 BD 容量为 100G 以上。随着蓝光刻录机和盘片价格越来越低，BD 很有可能是继 CD、DVD 之后的档案数据又一主要存储介质。

光盘共享技术的发展为大容量存储数字信息提供了可能，光盘塔和光盘库也成为存储电子档案的主要设备。

（三）电存储介质

电存储介质是继磁存储和光存储之后的利用半导体技术做成的一种新型存储介

质，它通过电子电路以二进制方式实现信息的储存。电存储介质主要有闪存盘和数据存储卡。

二、数据存储技术

数据存储技术随着科技的发展也在不断地发展和变化。目前，数据存储技术主要有直接存储、网络存储两种。

（一）直接存储技术

直接存储技术是目前存储数据的主要技术方法。直接存储技术是利用计算机等存储设备，将档案信息保存在性能稳定的载体上。存储载体主要包括只读光盘、一次写光盘、磁带、硬磁盘、可擦写光盘、光盘塔和磁带库等。其特点是：投资低、读取速度慢；资料可供同时读取的人数少；检索光盘时，内部机械手臂容易出故障，光盘容易磨损划伤等。

（二）网络存储技术

在数字化高速发展的背景下，网络已经融合到社会各个领域的日常运营管理中。具有海量存储性能的网络存储产品及其组织与管理数字信息的软件系统的问世，为数字档案的存储提供了可能。各级机构建立的互联网、专网和内网则为档案的网络化收集、整理、归档、存储、传播利用提供了基础平台，这就需要借助于网络在线存储技术以获得更可靠的存储，提供更快速的访问。

存储设备与主机的连接方式：主机与网络存储系统之间的连接方式有多种，主要有在线存储、近线存储和离线存储。磁盘阵列与服务器之间的直接连接就是应用在线存储方式，存取速度快，成本高，适合高速数据存取的应用场合；光盘库与主机之间采用近线存储方式，存取速度中等，成本合理，适合于在线访问速度要求不高的档案馆、图书馆等；磁带库、脱机存储设备是采用离线存储方式，平均存取速度较慢，成本也较低，适合大规模数据备份或者用以保密数据的保管和访问等。

存储设备与网络连接的接口标准：存储设备与网络的连接标准也有多种方式，主要有 SCSI 连接、光纤连接等。SCSI 连接和光纤连接是档案馆中经常使用的连接方式。

网络存储解决方案：网络存储领域最典型的代表有直接附加存储（DAS）、网络附加存储（NAS）、存储区域网（SAN）以及内容寻址存储（CAS）。事实上，DAS、NAS、SAN 和 CAS 是集数据存储硬件设备和数据管理软件系统为一体的存储解决方案。区别于介质存储的脱机方式，网络存储的主要作用是提供数字信息的在线访问，而数据管理则是解决网络上数据的组织、存取与访问方式，目的是管理数据并提供访问机制。通常采用关系型数据库管理系统，文件数据管理系统和内容存储管理系统等。

直接附加存储（DAS）技术：直接附加存储通过电缆直接与服务器相连接，存储设备作为服务器的附加硬件，不带操作系统，直接接收所连服务器的 I/O 请求，完全依托服务器，通过服务器上的网卡向用户提供数据。它是典型的分散式存储模式。

DAS 是一种传统存储方式，是在本地将存储设备（磁盘、磁带、磁盘阵列、磁带库等）通过 SCSI 接口的电缆一对一地直接连接到服务器或者客户端的扩展接口上。它自己没有独立的操作系统，依赖于其宿主设备——服务器或客户端的操作系统来完成对数据的存储与管理。服务器和存储设备之间的连接通道是独立的、专用的。存储设备只能由与其直接相连的服务器通过一个智能的控制器来访问。该方法主要是为了克服主机上驱动器槽的缺陷而发展的。当服务器需要更多的存储量时，只要增加连接一个存储器就行了。该方法同时还允许一台服务器成为另外一台的镜像。这个功能是通过将服务器直接连到另一台服务器的界面上来实现的。

DAS 的优点是数据存储速度快，所有数据能够时刻在线，为用户提供快速的访问响应。不足之处在于大量占用服务器资源，当用户数增加或者服务器上的应用程序运行繁忙时，服务器就成了数据存储与访问的瓶颈，当网络上存储设备和服务器被添加进来时，DAS 环境将导致服务器和存储孤岛数量的剧增，产生巨大的管理负荷，并致使资源利用率低下。由于受到服务器扩展能力的限制，不可能进行无限度的扩容，容量会受到一定的限制，因此它比较适合于数字化信息量较小的档案馆使用。

网络附加存储（NAS）技术：网络附加存储是一种连接在网络上的存储设备，通常使用 RJ45 口，通过以太网向用户提供服务。采用集中式数据存储模式，将存储设备与服务器彻底分离。NAS 是一种基于文件级别的存储结构，存储设备直接连接到局域网上，具备文档存储功能的装置，系统通常使用 NFS（网络文件系统）或者 CIFS（通用互联文件系统），这两者都是基于 IP 的应用。它将存储设备从服务器上脱离出来，完全独立于网络中的主服务器，而连接到现有的网络上，通过网络共享方式给各客户机提供网络数据资源服务，客户机完全可以不经过服务器而直接访问存储设备上的数据。NAS 服务器一般由存储硬件、操作系统以及文件系统等几部分组成。

第五章 档案管理智能化应用研究

第一节 电子商务档案管理的智能化

电子商务档案是电子商务活动过程中各经济主体直接形成的具有保存价值的各种形式的原始记录。电子商务档案与其他类型的纸质档案相比具有明显的复杂性、集成性、虚拟性等数字化特征。随着电子商务时代的到来，智能化的电子商务档案管理是电子商务档案管理的必然趋势。

一、电子商务档案应用的智能化趋势

电子商务档案是企业管理的重要组成部分，是企业从事商务活动中最原始、最可靠的数字化信息。充分利用电子商务档案信息，为企业发展提供商情预测、营销策划、客户关系管理、维护企业或经营者合法权益，已经成为电子商务档案应用的一个重要领域。而电子商务档案应用的智能化趋势无疑已经成为电子商务行业的重要研究方向。

（一）客户关系管理的智能化

客户档案毫无疑问将是电子商务档案的一个不可忽视的组成部分。在企业从事电子商务的过程中，电子商务系统将提供一种商家与客户进行交流的新方式，这就要求企业管理者以全新的思维来看待客户关系管理。客户关系管理源于"以客户为中心"的新型商业模式，是企业树立以客户为中心的发展战略的核心部分。企业通过智能化的客户关系管理系统来加强对客户的服务，同时提高客户满意度和忠诚度，提高企业效率和利润水平。通过客户关系管理系统，企业加强与客户的联系、分析客户的需求、研究产品的市场、拓展潜在的利润空间、提高产品的市场竞争能力、弥补企业的管理漏洞、吸引更多的优质客户，进而达到优化、提升企业管理能力、

提高企业利润水平的目的。而这一切的实现都依赖于智能化的客户关系管理系统、智能化的客户数据库的开发与应用，智能化的数据库技术是所有其他技术的基础。

（二）智能化的商情预测

面对接踵而来的客户及浩如烟海的企业的营销、销售和服务信息，如果没有一个具有高度商业智能的数据分析和处理系统是不可想象的。智能化的商情预测系统利用数据挖掘的思想、数据仓库的管理技巧、一对一的营销策略、个性化的售后服务、智能化的数据分析和数据处理工具不断满足客户的需求，提高企业的盈利能力、拓宽企业的盈利空间。同时，智能化的数据分析和处理系统将不仅实现现有的商业实践和商业需求，更将不断地实现向市场、客户的学习过程，所以这不仅仅是重塑企业商业流程，而是能够为管理者提供智能化的决策分析工具。

（三）智能化的营销策划

借助于智能化的营销策划管理系统，企业将能够更加全面地分析产品及市场信息，制订高效的营销计划，设计切实可行的销售及服务指标，协调产品、服务、物流等渠道的配合关系，从而实现企业管理的最终目标。

总之，随着电子商务的发展，智能化电子商务将逐渐走入人们的日常生活。电子商务智能化是指利用数据仓库、数据挖掘技术对客户数据进行系统的储存和管理，并通过各种数据统计分析工具对客户数据进行分析，提供各种分析报告，如客户价值评价、客户满意度评价、服务质量评价、营销效果评价、未来市场需求等，为企业的各种经营活动提供决策信息。或者说电子商务智能化是企业利用现代信息技术收集、管理和分析结构化和非结构化的商务数据和信息，创造和累积商务知识和见解，提高商务决策水平，采取有效的商务行动，完善各种商务流程，提升各方面商务绩效，增强综合竞争力的智慧和能力。电子商务档案管理的智能化将是电子商务智能化的一个创举。

二、电子商务档案信息检索的智能化需求

电子商务档案信息智能化检索是历史发展的必然结果。电子商务档案信息是众多档案信息的一种，是伴随着电子商务的发展而产生的。从人类社会利用档案信息的历史发展过程来看，档案信息检索大致经历了自然检索、手工检索、计算机辅助检索、计算机智能检索四个发展阶段，电子商务档案信息的检索也不例外。随着计算机智能技术的发展，尤其是图情信息智能检索的最新成果，为电子商务档案信息

检索的智能化发展注入了新的活力。电子商务档案信息存储形式多种多样：既有一般固定长度的信息，也有非固定长度的信息；既有用文字、数字表达的信息，也有用图形、图像、声音传达的信息；既有加密信息，也有不加密的信息；既有存储于本地存储设备上的信息，也有存储于异地设备甚至"存储云"上的信息。对电子商务档案信息的智能检索意义重大。所谓"智能检索"，就是以文献和检索词的相关度为基础，综合考察文献的重要性等指标，对检索结果进行排序，以提供更高的检索效率。智能检索的结果排序同时考虑的是相关性和重要性，相关性采用各字段加权混合索引，相关性分析更准确；重要性指通过对文献来源权威性分析和引用关系分析等实现对文献质量的评价，这样的结果排序更加准确，更能将与用户愿望最相关的文献排到最前面，提高检索效率。由此可见，在电子商务飞速发展的今天，电子商务活动的全球化特征越来越显著，频繁的商务活动遍布世界的每一个角落，由此产生的电子商务档案信息越来越具有商务活动全球性、信息管理系统分布性、交易语言复杂性、交易方式多样性等特点。传统档案信息检索工具已经不能满足用户的需求，智能检索工具的开发和使用成为信息时代用户畅游信息海洋的必然选择。同时，科技的进步，人工智能技术的发展，超大型计算机的使用也为电子商务档案信息检索智能化发展提供了技术支撑。未来电子商务档案智能化的发展将借助于人工智能技术的最新成果而更加人性化。

从电子商务档案的特征来看，有关电子商务档案智能化管理的需求更加依赖于图形图像智能检索工具的研究和利用，而对于图形图像智能检索工具的研究和利用始于20世纪70年代。首先开展的是基于内容的图像智能检索的研究，重点在于采用标注的方法对图像设置检索关键字，并建立文本数据库管理系统，从而实现对图像的智能检索。

三、电子商务档案管理的智能化趋势研究

随着电子商务的发展，档案智能化发展范围也开始扩大。因档案的信息量诸多，所以管理工作人员实际工作量也不断提高，一定程度上推动了档案管理的智能化发展。为更好地适应时代发展需求，能够为社会发展提供更为可观的经济效益。其中，电子商务档案智能化管理的发展趋势可以表现在以下几点：

（一）信息处理的智能化

近年来，电子商务发展速度不断加快，在实际交流的过程中，所形成的信息数量也随之增加。而信息本身具有明显的复杂性特征，若采用传统管理方式，那么管

理工作人员的手动处理工作量会很大，也增加了工作的难度，使其无法及时找出所需的资料信息，影响了工作效率的提升。如果是对智能化管理方式进行运用，则能够自动化地分类处理不同种类的信息，匹配相对应的文件，全面增强了信息处理效果，同时还能够降低工作人员的工作量，实现了工作效率的全面提升。由此可见，对于档案信息进行快速处理的智能化管理方式应用具有一定的现实意义。

（二）信息存储的智能化

现阶段，绝大部分电子商务档案都被存储于计算机硬盘之上，抑或是保存在移动磁盘当中，若要对档案信息进行访问，一定要由电子设备作为辅助才能够深入了解档案信息内容。但是，这种方式对于信息及时阅读十分不利，受诸多条件影响，无法随时提取档案信息的内容。若能够实现档案信息的智能化存储，那么就可以突破时空的限制提取档案信息，实现即时访问的目标。还不会受到硬件条件的约束和影响，对文件内容进行即时提取。通过即时阅读的方式，还能够确保电子商务档案更加安全，有机结合档案信息存储和管理，达到最理想的状态。对于电子商务档案管理工作而言，智能化存储方式能够使企业获取更为可观的经济效益，同样可以实现工作效率的全面提升。

（三）档案应用的智能化

在科学技术水平快速发展的背景下，电子商务档案在电子商务发展过程中的价值也逐渐突显出来，电子商务对于数据信息记录也成为电子商务发展的必要条件。实现电子商务档案应用的智能化，能够使企业间的关系得以简化，同时能够按照所记录的信息内容评估企业未来发展，进一步推动企业策划的贯彻与落实，进而为企业发展提供有价值的参考信息。在这种情况下，电子商务档案智能化的合理运用能够为企业发展提供重要力量，并且能够整合企业的档案信息，进而为其战略决策奠定坚实基础。

综上所述，在电子科技时代环境中，电子商务取得了理想的发展效果。而传统纸质档案很难与社会档案管理工作需求相适应，所以电子档案的出现并运用，为电子商务发展提供了有力的保障。在档案信息量不断增加的背景下，信息保存难度与复杂程度都有所增加，所以智能化电子商务档案管理模式被应用于电子商务当中，而智能化管理也将成为电子商务档案管理工作的必然发展趋势。通过上述对电子商务档案管理特点的分析，阐述了其智能化管理的发展趋势，以供参考。

第二节 人事档案数字智能化

人事档案作为记述和反映个人经历和德才表现的文件材料，是个人参与社会活动的完整记录和对个人情况的真实反映。人事档案管理是各个组织、企事业单位不可或缺的管理工具，也是人力资源和社会管理体系的关键组成部分。对员工而言，它为其离退休、养老手续办理等工作提供证明；对组织单位而言，它为干部选拔、技术评级、职务晋升等人事考察聘用提供参考依据。由此可见人事档案在人们的工作生活中扮演着重要角色。

我国人事档案管理工作历史悠久，对社会经济发展和人事制度改革一直有着积极的推动作用。但是，随着科学技术的飞速发展，人才流动日益频繁，传统的人事档案管理制度和办法面临着资料库庞大且不易保存、利用率频繁且检索困难等棘手问题。针对当下的人事工作形势需求，人事档案管理亟须顺应现代化发展，加快数字智能化建设进程，充分利用现代计算机和互联网技术，以切实提高档案管理利用效率。

一、人事档案管理工作数字智能化的必要性

（一）数字智能化建设将有效保障人事档案的可信度

一是传统人事档案主要以纸质为载体，对保管场所和条件要求较高，在保管工作中不可避免地存在纸张老化、字迹褪色、受潮虫害等问题，随着时间的推移，一方面档案数量持续增加，另一方面档案面临不断损毁的问题，使得档案内容信息量不足，更新难度大，不能为利用者提供全面、直观的信息。通过将纸质档案实体转换为数字化、网络化的载体，不仅具有存储量大、占有空间率小、管理费用低的优势，同时将极大地延长档案保持时间、确保档案信息完整性和更新及时性。二是传统档案管理尚有诸多不足之处，一旦实现数字智能化的人事档案管理，可通过电子管理权限分级、软件程序标准化审核等手段，从而避免人为因素造成的信息权威性、客观性降低的风险。

（二）数字智能化建设将切实提高档案管理工作效率

人事档案在使用中大多由相关人员手工查阅目录、逐一登记、借阅复印等，在

海量的档案库中定位某一份档案，再完成登记、更新、归档等操作，程序烦琐、工作量大、检索困难。尤其在档案外借时，大多通过人员携带、邮寄递送的实体方式实现。而且在寄送的过程中，不仅难以保护原始档案的机密性和完整性，而且耗时较长、人力成本高，不利于迅速开展下一步工作程序。在数字智能化的人事档案管理中，与时俱进地引入了云存储、网络加密传输等技术，档案的查询、修改、更新、传递等操作，都可在计算机及互联网上进行，加快了档案信息的更新和检索速度，确保了信息资源的时效性与机密性，有利于提高人事档案管理水平和工作效率。

（三）数字智能化建设将扩大人事档案利用范围和服务对象

随着市场经济的发展，人才流动日趋平常化，社会服务日趋多元化，除了在传统的人事聘用、离退休养老待遇方面发挥作用以外，在出国、医疗保险、婚育证明等社会公共功能中，使用到人事档案的情况也越来越多，跨单位、跨地区对人事档案的查阅、外借和移交等情况更是屡见不鲜。传统人事档案管理功能较弱，不利于信息统计与流转，已无法满足当下的形势需求。数字智能化的人事档案管理将更好地实现人事档案在社会公共管理体系的共享性和流转性，为更多的个人和机构提供人事档案服务。

（四）数字智能化建设将实现档案信息系统化、立体化

数字化档案库充分利用多媒体技术，实现了档案信息以图形、文档、声音、影像等多种形式存储，增强了人事档案的记录功能和显示功能。同时，还可利用数据仓库与数据挖掘等技术，对人员的年龄、专业结构等各方面进行统计分析，加强了档案信息的紧密性，充分发挥人才需求预测、人才关系管理等作用，并能提供系统化、立体化的数据帮助企事业单位做出人事管理决策。

二、人事档案管理数字智能化的新思路

（一）不断加强人事档案工作人才队伍的培养

人事档案数字智能化需要全新的技术和设备的支持，传统的管理理念难以推进数字智能化的进程。首先，人事档案管理的决策者需由传统的实体档案管理理念向数字智能化的管理理念转变，提高对数字智能化的认识，在制定策略方针时考虑对新知识、新技能的教育培训投入和对软硬件设施的投资，注重复合型人事档案管理人才的储备与培养。其次，必须对人事档案管理人员进行全方位、多形式的教育和培训，提高工作队伍的综合素质，加速管理人员业务知识更新和专业结构调整，除

了人事档案管理的基础知识外，进一步掌握计算机信息处理的专业技术，打造高素质的人事档案管理工作队伍。最后，对人事档案的服务对象和用户群体也需进行知识普及，推广学习人事档案数字系统的功能和操作步骤，使得人事档案在实际提供服务时顺利有效地发挥作用。

（二）进一步完善人事档案管理相关标准制度和软硬件基础设施

实现真正的档案管理智能化，首先在体制方面，需制定完善的人事档案管理技术标准和规范，为人事档案数字化过程中的格式、质量、审核流程提供统一的指导标准，为数字信息标准化和规范化奠定良好的基础。首先提高管理智能化共享程度，同时明确人事档案管理数字化责权，制定和完善相关的规章制度，从政策和制度上规范数字智能化的建设、管理和利用。其次在硬件方面，配备先进的计算机、扫描仪等设备，使之适应系统中大量数据的快速处理、文字图片的扫描及声像资料的录入、网络系统的建设等功能需求，为人事档案管理数字智能化建设提供基本条件。最后在软件方面，需投入经费，制作具有良好开发性、服务性和共享性的人事档案管理系统，充分考虑其所使用的数据库管理系统和各种信息采集设备、企业 OA 办公系统等的兼容性问题，逐步减少智能化技术在实际使用中各自为政的情况，提高软硬件系统的统一性和通用性。

（三）确保现有库存传统人事档案数字化工作的有序进行

由于传统人事档案通常存量多，需要进行数字化转换的文件资料数量庞大，对其数字化的工作需分步、有序进行。第一步，对现有库存传统人事档案进行整理，由资深的人事档案管理人员按时间顺序对存量档案进行鉴别，按轻重缓急，将损毁度高、利用率高、急需使用的档案分类挑出，优先进行数字化，制作并填写纸质档案数字化加工过程交接登记表单，避免错扫漏扫，然后做好目录数据准备，使档案数字化后可正确对接。第二步，拆除装订人事档案原件，鉴定文件是否符合扫描要求，并对破损的档案进行页面修正与恢复。根据扫描档案的实际情况和国家档案局《数字化加工规范》，选择适宜的扫描方式、扫描色彩模式、扫描分辨率等，并做好登记工作。第三步，检查扫描后的图像数据质量，发现图像失真、模糊等不符合要求的情况应重新扫描，并对图像数据进行去除页面杂质、调整偏斜情况、相关信息拼接等处理，提高图像数据准确度。第四步，根据目录建库，对应存储，将数字化的人事档案汇总挂接，确保每一份人事档案档号在数据库中的一致性和唯一性，建立数据之间的关联关系。最后，对人事档案原件重新装订，保持排列不变，妥善保存，做到安全、准确、无遗漏。

合理运用扫描字符识别软件功能，将纸质文本类的人事档案转化成电子文本节件，实现真正意义上的全文数字化，为将来档案管理智能化的全文索引创造数据基础。但是，目前扫描仪字符识别软件功能的准确率参差不齐，因此采用先进的高速扫描仪和做好后期复核校对工作是不可缺少的。

对完成数字化的传统纸质人事档案进行装订，在成本允许的情况下，考虑采用频射识别（RFID）的电子标签技术进行原路归档，使日后实现数据化的电子人事档案可迅速、准确地定位到纸质人事档案原件的基本信息、位置和状态，从而实现对人事档案原件的数字智能化管理，为日后数据更新、恢复提供便利。

（四）做好人事档案管理安全防范管理

在人事档案的实体环境管理方面，电子档案室是存储数字化人事档案的主要场所，为了使智能化设备和计算机系统能在相对安全可靠的环境下长时间正常运行，要做到以下两点：一是实时监控、安全门禁和报警系统要到位，对档案室的重要设备和存储媒体采取严格的防盗措施。二是做好防水、防火、防静电措施，保证计算机设备运行需要的温度、湿度、洁净度，避免意外发生导致智能化设备和存储系统损坏、消磁引起数据失真、丢失甚至系统停止运行。

在人事档案管理的虚拟环境管理方面：一是定期备份，保障数字化人事档案安全，确保系统发生故障后仍能对档案进行恢复；二是在人事档案数据化过程中和档案传输过程中，做好加密工作，防止非法用户获取人事档案机密信息；三是在人事档案智能化管理系统中，对用户进行权限分级和身份验证，并在相连的网络通信系统上设置网络防火墙，对未授权者进入系统获取人事档案做好访问控制；四是对人事档案智能管理系统定期查杀病毒和系统升级，防止来自外网对数据的入侵和破坏。

（五）建立人事档案智能化管理系统平台

据了解，在企业单位的人事档案管理数字智能化进程中，通常侧重于档案信息数字化和档案设备电子化，而对人事档案管理系统智能化建设不够。以企事业单位管理为核心，以共享数据、提高效率、完善功能为宗旨，建立起人事档案智能化管理系统平台，可以实现企事业单位全新的人事管理理念与计算机网络智能化的结合，提高人事管理效率。完整的人事档案智能化管理系统平台应包括人事档案数据系统、人事档案使用系统、企业内部办公系统中的人事档案对接模块和公共门户系统的人事档案对接模块，通过一整套智能化软件系统平台，使得人事档案数据实现立体化、系统化，方便档案查询、报表管理、公共使用等，推进企业各部门对人事档案使用的自动化、网络化、数字化，有效完成资源共享和协同办公，提高工作效率和管理能力，实现真正意义的全面智能化。

第三节　智慧档案馆馆库智能化

一、智慧档案馆的概念

（一）智慧档案馆的定义

关于智慧档案馆概念，虽然学界还没有统一的定义，但是大多数学者普遍的观点是：档案的信息管理系统与相关建筑优化融合，实现设备设施的自动监控，对各类服务性档案信息资源进行整合与综合管理，将各职能系统和档案数据资源库有机地结合，并提供给用户使用。

（二）智慧档案馆的相关研究

（1）关于智慧档案馆和智慧城市的关系研究。参考各类文献，目前国内大部分学者认为，智慧档案馆就是智慧城市的组成部分。但是也有部分学者认为，智慧档案馆不完全是智慧城市的组成部分。

（2）关于智慧档案馆与实体档案馆的关系研究。目前，档案学者陶水龙、薛四新等在论文中均提出"智慧档案馆建设，要突破单个实体馆的物理边界"。其他一些档案学者，主要观念为：智慧档案馆可以是虚拟档案馆，需要依托实体档案馆建设，但是没有具体划分两者关系。笔者综合研究认为，智慧档案馆建设，主要是基于单个实体档案馆的馆库智能化管理，在未来发展中应该突破实体档案馆的边界，实现跨区域、跨行业，乃至全国性的档案资源共享和利用模式。但是不可否认的是，不管是初级还是高级阶段，档案馆的馆库智能化管理，都是一项基础性工作，贯穿于整个智慧档案馆的建设过程。

二、智慧档案馆构建中馆库智能化管理的必要条件

（一）馆藏纸质档案的数字化

我国档案馆保存了大量的纸质载体，不仅种类丰富，而且主要以文字、图表等

各类形式保存了大量的档案史料。这些纸质档案虽然蕴含了大量的档案信息，但是不适合计算机检索和智能管理，因此必须通过数字化扫描为数字资源，才能便于检索、整合、在线传递和智能管理。可以说，纸质载体的数字化，是档案馆馆库智能化管理的一个必要条件，而且数字化程度决定了档案管理水平和服务水平。

（二）建立数据服务平台

智慧档案馆的馆库智能化管理，涉及档案馆的楼宇管理、库房管理、档案实体管理、档案信息利用等各种活动。对于这些管理信息，如果通过人工管理，不仅效率低下，而且会浪费大量的人力、物力、财力等，因此在管理过程中，如果合理运用互联网技术，可以实现许多过程管理的自动化、智能化，不仅效率高，而且可以节省大量的人力资源。但是，这些管理需要一个数据服务平台，能够采集、整合、处理、存储各类重要信息，并依靠信息系统实现预测、监管、报警、应急处理等。

（三）充分利用互联网、物联网等技术，对档案实物载体进行智能管理

档案馆的楼宇管理、库房管理、档案实体管理、档案信息利用等，都需要对监管对象进行数据标识，确定物理空间的具体属性和状态，这就需要通过电子标签、电子传感器等，对监管对象进行定位和设定属性，这些都要依靠互联网、物联网、电子设备、电子标签等设备和技术才能完成。

三、智慧档案馆建设中的馆库智能化管理的具体举措

（一）依托智慧城市的各类技术优势，不断提高馆库智能化管理水平

智慧档案馆的建设，首先是依托智慧城市的概念提出来的，许多构想和建设思路、技术保障等，都与智慧城市的建设和规划息息相关。在智慧档案馆建设中，要得到政府政策的保障和技术支持，才能积极推进智慧档案馆的分期、分阶段的建设。同时，智慧档案馆的建设，需要大量的资金、技术、人力资源，如果没有相关政策的保障，是根本无法推进的。

目前正在开展的智慧城市建设，是政府电子政务的一个重要建设内容，各地政府都投入大量的财力和技术，确保智慧城市的数据中心、数据平台、人才保障等投入使用。智慧城市的建设水平，决定了一个城市信息化管理的水平，而且在具体建设中还会形成大量的基础数据库，这也是智慧档案馆发展的必需条件。智慧档案馆

建设，必须紧紧依托智慧城市建设，充分利用各类技术优势和基础数据库，来推动智慧档案馆的建设。

典型案例一：青岛市档案馆利用智慧城市的数据平台和政府信息网络条件，将不同的档案馆、政府机构电子文档、政务中心等联系起来，它的建设依赖智慧城市建设，数据涵盖范围为青岛市，因此这个智慧档案馆是智慧青岛的组成部分。目前，青岛市档案馆在馆库智能化管理中，库房、办公、档案利用等，已经能够实现智能化管理，并且走在全国档案馆馆库智能化管理的前列。

典型案例二：2015年开始建设的湖南省洞庭湖生态经济区专题数据库，就是按照湖南省内河流流域自然区域建立的区域性专题数据库。该数据库由省级综合档案馆建立专题数据库（档案数据中心），洞庭湖流域的市、县两级分别成立洞庭湖生态经济区档案数据分中心，各个基层档案馆将保管的有关洞庭湖流域的相关数据分期整合及时上传至上一级档案数据中心，最终形成一个省级的区域性专题数据库。在建设管理中，区域性专题数据库的数据涵盖范围，不再局限于单个档案实体馆，而是通过各级政府电子政务网络，将不同区域的档案数据库链接起来，成为全省电子政务管理的一个部分，并且依托了许多地级市的智慧城市建设条件和基础数据库，在推动过程中还促进了许多档案馆改进馆库信息化建设，许多馆库智能化管理得到湖南省档案馆的技术和资金支持，提高了馆库智能化管理效率。

（二）不断促进技术与人本主义的协同融合

智慧档案馆，是以新一代信息技术为手段来协同人的活动，其建设、实现手段与目的都离不开人的因素。现代信息技术只是实现智慧档案馆建设目标的技术手段，而它的服务对象——人，才是智慧档案馆建设最需要关注的对象。

智慧档案馆的服务主要是面向用户的信息服务，基于时代发展的各类技术条件，实现对档案馆库的智能化管理，提高档案管理的人工智能优势，不仅大大降低了档案部门具体管理者的工作强度，同时也大大提高了档案管理和服务的效率。在智慧档案馆建设的不断提升阶段，更是要通过各类专题数据库建设和智能检索系统、档案数据的自动关联性等提升和强化，体现出为用户需求着想的人文理念，利用现代技术平台，实现档案数据的一体化集中管理、档案信息查询的单点服务、个人用户与档案信息的互动交流、基于用户特殊或者潜在需求的个性化推送及定制服务等不同的服务方式和具体渠道。

智慧档案馆建设中的馆库智能化管理，主要是档案实体馆的管理，并且涉及单个档案馆。在具体的馆库管理中，需要将档案实体管理、物联网、互联网、技术设备、场馆人员和业务管理等协调起来,实现"档案实体、技术、人员"的协同与融合管理,才能提高管理效率,实现馆库的智能化管理,在管理和利用中,将不同部门的档案数据库、不同的数据交换技术平台、不同系统的数据用户终端等一起参与智慧档案馆的构建,如果没有协同融合的原则,是无法将智慧档案馆建设积极推进的。

例如,目前许多档案馆在信息化服务中的精准推送服务便遵循以人为本的原则,侧重个性化、层次化服务,紧贴用户不同层次、不同方面的需求,使用户体验到不受时空限制的服务,亦称为精准推送服务。在建立数据中心和档案数据化的基础上,档案馆可以利用移动网络,由数据中心主动为一些特定用户精准推荐数据档案资源。

目前的智慧档案馆数据中心,可以通过移动终端精准推荐数据服务,要具备两个条件:①馆库的档案纸质载体数字化后,再选定数据档案资源。例如,档案馆数据中心保存有关个人的任职、退休、奖励等相关数据,可以精准推荐给用户个人。②选定特殊用户的终端识别号(用户号),例如手机用户的微信号、手机号、手机邮箱等,只有在选定了用户后,数据中心才能主动给选定用户精准推荐数据档案。精准推荐数据档案的服务,可以提高档案信息的管理效率,同时也将档案服务方式由被动转为主动。例如,一些高校档案馆,整合数据库中一些教师的职称、学历、科研、财务经费等数据,利用移动网络平台主动推荐给教职工,教职工在手机上直接点击就可以在线阅读和下载数据档案。

(三)不断推进信息服务平台建设

在智慧档案馆建设中,馆库智能化管理是一项基础性的建设任务,但是由于信息技术的发展和信息服务的需要,在一定阶段需要建设一个大型数据服务平台,通过互联网络将不同档案馆的数据库链接起来,实现"馆际互动、跨馆查询"的功能。这个大型服务平台,可以依托一个大型档案馆负责开发和维护。例如,浙江省档案系统的百馆联动机制中,由浙江省档案馆负责开发维护"浙江档案服务网",浙江省每个区县综合档案馆均可通过这个网络平台,实现在线查询、百馆联动。

智慧档案馆建设中,特别是单个实体馆的馆库智能化建设中,技术平台主要由档案馆的技术部门和智慧城市云计算中心来完成技术保障,档案馆技术部门应当起到保障作用。在智慧档案建设的高级阶段,技术平台主要由档案馆的技术部门和智慧城市云计算中心来完成技术实现,智慧城市云计算中心起到主保障作用。

第四节　人工智能与档案管理信息化

人工智能技术在各行各业都有了广泛的运用，无论是生产的自动化，还是日常办公的信息化，都是对人工智能技术的一次充分应用。目前更需要考虑如何将人工智能技术广泛地应用在档案管理的信息化工作当中，力求保障档案管理工作的高效性、安全性以及低成本性，使档案管理人员能够从繁杂的档案抄写和档案管理工作当中解脱出来。

一、人工智能技术与档案管理

（一）人工智能技术

20世纪50年代中期，欧美等发达国家就已经率先提出了人工智能的概念，并且将这概念逐渐地发展成了现实存在的技术，震惊了学术界。目前，科学家们致力于研究更加精深的人工智能技术，为此开发了多种多样的理论原理。而人工智能也随着经济全球化得到了普及，被运用到了生活中的各个方面，为各行各业的生产力发展提供了巨大的动力。AI技术，是人工智能技术的一个缩写，是通过计算机网络的方式将多个系统集合起来，从而形成一个可以模拟人脑的智能机器。人工智能技术包括了机器视觉、指纹识别、人脸识别、虹膜识别、智能搜索和专家系统等。从这个角度来看，人工智能技术实际上是对人的大脑的一次复制和模拟，尤其是对人脑当中的思维意识和思维过程的一次模拟，但人工智能并不能够与人脑完全等同，它只是人脑的一个低端复制，并不能超过人的智慧，也不能进行独立的思考。

（二）档案管理

档案管理工作属于行政管理工作的范畴，存在于各行各业和各个层次的公司当中，即便是在规模小的公司，也一定都会具有相应的档案管理工作和专门的负责人员。在传统的档案工作当中，人们主要是通过记忆和书写的方式将一本本档案进行反复的装订和整理，并且撰写目录，相对来说耗时耗力，出现错误的概率也十分高。随着科学技术的不断发展，人们更多地将计算机信息技术运用到档案管理工作当中去，极大地解放了这项工作的生产力，提高了档案管理的工作效率，此外也使得越来越多的管理人员能够从繁杂的档案整理和文书撰写当中解脱出来。档案管理的内容和项目是复杂的，除了一般的人事档案以外，还包括了文书档案、发展档案、项目档案、财务档案等内容。

二、人工智能技术在档案管理信息化中应用的必要性

（一）降低错误率

将人工智能技术科学地运用到档案管理工作当中去，最显而易见的一个优势就是可以极大程度地降低档案管理的出错率。目前，利用人工智能技术当中的智能检索技术，就可以轻易地降低档案管理和借阅过程当中的错误率，无论是利用语音输入还是图片检索的方式，都使得检索途径逐渐地优化和拓宽，也使得检索的时间成本正在不断地被压缩。另外，有部分工作人员在进行关键词检索的时候，可能对于自己想要的档案和主要的内容还是比较模糊的，这时候利用智能检索技术当中的延伸检索技术，可以对其他相关的档案内容和关键词进行拓展和推送，使得用户既能够了解到目前所需的、与关键词相关的档案内容，同时又可以了解到与这些档案相关联或其他用户较多搜索的关联档案内容。即可以不再依赖人力进行档案文字的查阅，通过计算机网络的关键词检索就可以完成档案的查阅，极大地降低了错误率。

（二）提高管理效率

以项目档案为例，当企业展开一个经济活动和项目的时候，所需要收集的档案是多方面的，不仅包括了企业的前期投入以及招投标的各个环节，同时也包括了企业的预算以及最后的企业项目负责人员、企业项目决策会议内容等等。如果可以利用人工智能技术，首先在计算机网络当中编制一个成熟的程序，将这些不同的环节和内容预留出来，然后在进行完一项工作以后，自动将工作所涉及的档案内容和具体信息上传到计算机中来，最终当整个项目完成以后，就能够形成一份十分翔实且准确的项目档案。这种方式可以节约档案管理人员大量的时间，使得他们不用整日被淹没在浩瀚的数据信息当中。而档案管理人员往往只需要在后台进行简单的编程操作和扫描工作，就可以将所有的项目信息收集起来，再后期进行简单的排版和目录编制，即可完成一本优秀的项目档案。

（三）减少成本投入

在人工智能节约成本这方面，有部分中小企业会表现出较大的质疑，他们认为，人工智能技术相较于传统的聘用管理人员需要付出更多的科技成本，并且后期的养

护和维修成本也是一笔高额的支出。人工智能技术是一项长远的投入，当购买一套人工智能技术设备以后，不仅仅代表着购买了其中的编程和设备，更多的是购买了其中所包含的配套设施和服务，也就是后期的各种更新和维护服务。在传统的档案管理工作当中，企业需要雇用大量的管理人才，需要付出巨大的人力资源成本，并且还需要缴纳相应的保险支出部分福利。而人工智能技术则更像是一种一次性的投入，仅仅需要在前期支付一笔大额的设备使用和专利使用费用即可。同时，人工智能技术也不需要休假，24小时都可以进行工作，工作效率也会一直较高。从长远来看，其对企业的成本产生了巨大的节约作用。

（四）提高安全性

对于一些大型的企业项目和国家机关事业单位来说，在档案管理的工作当中，最重视的就是安全性问题。在传统的档案管理工作当中，主要是依靠人力来完成管理工作，这样一来就存在着很多不确定性，甚至出现泄露政府核心机密的问题。如果可以使用人工智能技术来代替传统的人力管理，那么相对来说安全性就得到了保障。人工智能技术可以根据前期编程员所设置的种种权限，一些不具备权限的人员想要查阅这些档案是绝对不可能的，而这些档案也必然会在多重安全密钥的加密之下，才能更加稳妥地被保管在计算机硬盘当中。但这一切都需要建立在已经能够对档案管理信息化系统的安全性充分保障的基础之上，也就是需要建立起更加牢固的防火墙，有效地规避黑客风险和病毒风险。

三、人工智能技术在档案管理信息化中的应用措施

探讨人工智能技术在档案管理信息化当中的应用措施，更多的是从技术角度进行探究的。本节按照不同的技术层面对措施进行分类探究，重点提出了系统智能识别技术、指纹虹膜识别技术以及网络平台共享技术3项内容。

（一）系统智能识别技术

人工智能技术最核心也是最基本的技术，就是系统智能识别技术，这一技术也是目前人工智能技术当中发展最为成熟、运用最为广泛的技术。目前所探讨的系统，智能识别技术就是经常能够在搜索引擎上使用的搜索框，目前在智能识别技术当中，不仅可以通过文字的形式进行检索，同时还可以通过语音的形式进行检索，然后通过图片的形式智能判断，而这些技术都可以广泛地运用到档案管理的信息化工作当中来。

举例来说，如果想要进行查阅档案工作的时候，就可以利用系统智能识别技术，将已知的档案文号或者档案标题或者是档案当中内容的关键词放置到搜索框当中，只需要轻轻地点击检索按钮，即可以搜索出与之相关的各种档案。在语音识别技术方面同样如此，可以通过语音的方式将所口述的内容转化成为文字，在系统当中自动地进行检索，寻找所需要的档案。而图片智能识别技术则更多地被运用在一些历史档案和项目档案当中，例如企业在发展的过程当中所兴办的一些项目可能年代久远，记不清当中的关键词和具体信息，但是在官方网站上具有当时项目的相关图片，那么就可以将图片放置到搜索框当中点击搜索，此时包含此图片或相近图片内容的档案就会展示在我们的面前。

（二）指纹虹膜识别技术

例如，政府工作当中的一些文书档案和人事档案，涉及了机关内部的人事调整和编制职数，这些都属于机密的内容，而在进行档案管理的时候，就可以将人事档案管理的工作人员、主管领导和单位的主要领导作为可查阅人员，将他们的指纹和虹膜录入。在后期，如果他人想要查阅这些档案的时候，系统就会自动地对这个人的虹膜进行扫描，一旦发现不匹配的时候，就会在系统内产生警告信息，并且直接以短信和电子邮件的形式发送至主管领导及人事档案管理人员的手机当中，可以有效对可能存在的风险产生一个预警机制。当主要领导和档案管理的负责人员看到某些人妄图窥探企业的机密档案的时候，那么就能够做出相应的处罚，积极地调整管理制度，这就可以使得档案管理工作逐渐朝着更好的方向发展，从而实现一个良性循环。

（三）网络平台共享技术

档案的查阅、借阅以及归还是一项十分复杂的工作，在传统的档案管理流程当中，主要是通过纸质文件的形式逐级向上审批，尤其是在涉及一些机密和机要文件的时候，更需要进行一个繁杂的审批流程。这时候，如果能够利用人工智能技术当中的网络平台共享技术，将这些审批流程进行简化，通过电子计算机或者说是OA软件的形式，在网络平台就能够完成各项审批工作。与此同时，在企业或单位内部一些可以公开的档案文件，可以利用平台中的共享技术直接展示在企业和单位的局域网络当中，只要是企业内部的人员，都可以通过自己的账户和ID进行登录和查阅。

举例来说，如果在新人培训的环节当中，需要让新人更多地了解这个企业的发展历程和深厚的企业文化，那么就可以让这些员工登录计算机系统，在局域网内搜索相应的档案。这些档案当中记载着企业的发展历程是可以被公开的，不含有一些机密内容的，这样一来，员工的借阅档案和查阅资料，不需要经过繁杂的审批手续，大大减轻了档案管理人员的工作负担，真正实现了简政放权，做到了工作流程的优化与高效。

（四）智能检索技术

人工智能技术作为一种高科技，其研发的主要目的就在于解放生产力，提高工作效率，将人工智能技术广泛地运用到档案管理工作当中，帮助档案管理工作的效率实现大幅度的提升。现阶段，如果可以采取人工智能技术来进行智能检索的话，可以极大地解放生产力，使得传统的档案管理工作人员的工作压力得以释放。举例来说，如果在电子档案排布方面可以按照其重要程度和具体价值进行顺序排放的话，那么就可以在后期的检索中，同样按照这一排序标准得出最终的检索结论。与此同时，采取智能检索的方式，不仅可以对想要获知的信息进行检索和获得，同样也可以利用人工智能技术将某一用户的多次检索关键词及结果统一起来，科学地计算出这一用户的使用需求和未来检索预期，并为其推荐相关的关键词及档案。

这不仅依靠单一的档案检索系统，更多的是需要专业技术人员能够在互联网和共享平台的基础之上，开发一款多个档案局共享的计算机管理软件系统，这样才能使得各个局和部门的档案信息，能够有效地归类和统一。

综上所述，档案管理工作是一项复杂的工作。在传统的档案管理工作中，更多的是依靠员工来完成，其过程耗时耗力，错误率较高。目前需要迎接信息化时代的到来，积极地使用人工智能技术，并将其运用在档案管理的信息化工作当中去，尽可能地实现多项技术的融合，使得档案管理工作更加高效，档案管理的流程能够被逐渐地优化。

第六章 现代档案资料管理

第一节 电力工程档案资料管理

电力工程档案资料管理在一定程度上有助于电力工程施工等工作的开展,但是现实情况中,有关企业忽视档案资料管理的价值,档案管理工作人员综合素质偏低,领导层缺乏足够重视,档案管理条件滞后,档案管理制度缺乏。要针对相关问题做到制度化的建立完善,需要投入足够的人力、物力、财力,积极开展档案管理数字化与信息化建设,提升档案管理效率与质量。

电力工程档案资料管理属于工程管理中相对专业性、服务性的工作内容,同时也是电力工程开展不可或缺的部分。随着电力工程开展数量与规模的扩展,相关档案管理工作的缺陷也日益凸显,甚至引发工程工作混乱状况,对工程进行构成阻碍。因此需要充分了解当下电力工程档案资料管理中的问题,根据不同工程情况,进行对应的管理策略分析。

提升领导层对档案管理的重视程度。要提升领导层对档案管理的重视程度,让其明白档案资料管理对工程施工推进的价值,档案资料管理不严格会直接阻碍施工相关工作推进,甚至引发违规施工情况。通过各种场合让领导做好档案管理强化指导意见,提升各部门、各单位、各岗位人员在档案资料管理上的配合度,同时积极地投入管理所需的物力、财力、人力支持,提升档案管理工作整体水平。

建立完善档案管理制度。要促进电力工程档案资料管理的制度化建设,通过制度来规范各岗位、各部门相关工作执行效果。制度内容需要包括档案管理岗位工作内容、工作流程、工作标准、用人标准、激励机制、培训制度、工作考评制度等,通过多种内容规范优化来督促相关工作人员规范合理地展开工作。避免制度建设的空虚、形式化问题,要认真落实制度内容,提升人们对制度的敬畏心理,提升制度本身的权威性,提高有关人员的执行力度。要充分地落实责任制管理,将档案管理工作落实到有关负责人,提高有关岗位工作人员的工作责任心,对于资料的收集、整理、保存、使用有更强的规范操作意识，从而有效地促使制度化管理的顺利展开。

注重档案管理人才培养。要严格档案管理人才的引入，依照岗位要求来寻找匹配的人才。做好工作人员岗前培训，让其了解档案管理相关制度、要求与注意事项，提升对电力工程档案资料管理的熟悉度，增强后续工作开展的有效性，同时要定期做好档案管理工作会议讨论，对档案管理相关工作做好对应的检查与问题改善，不断地纠正档案管理工作中存在的问题，做好档案管理工作评价。甚至可以提供网络视频培训资料或者专业人才培训会议方式来提升有关人员工作能力。此外，对于培训工作要分级展开，依据不同工作岗位、工作级别人员针对性安排，提升培训管理的有效性。要积极地分享档案管理知识资料，不断地促使有关工作人员随时提升自身能力，了解相关工作动态。

注重软硬件条件建设。当下信息化技术不断提升，档案资料管理也不断地朝着数字化方向发展。尤其是档案资料的保存、整理与运用中，通过计算机技术、网络通信技术可以提升管理工作的效率。要促进档案管理信息化建设，将档案做数字化保存、整理、使用，同时也要做好档案资料原版纸质内容保存，做好纸质档案保存中防火、防盗、防潮、防腐蚀等处理工作。设立专业的档案管理保存柜，甚至可以设立专业的档案室，控制人员进出，避免资料流失，选择适宜企业内部的档案资料共享使用平台，确保档案应有的保密性管理，同时通过互联网平台做到档案资料的使用，避免原版材料使用中引发的丢失或者缺损情况。在信息化与数字化档案管理中，应管控有关设备的拷贝功能。对于不能流出的档案资料不能允许拷贝行为，档案资料的提供要建立在一定监控范围内，避免加密档案资料信息流出。

电力工程档案资料管理需要从领导层着手，领导层加强重视才能促使相关工作、有关人员的配合，进而优化整体档案管理效果。具体操作上，制度建设、人才培养、硬件条件构建，都需要充分依据企业内部情况展开。在满足国家、行业有关标准的情况下，针对实际企业运作情况进行相应的档案管理工作优化，从而有助于整体档案管理综合效益的展现。

第二节　医院档案资料管理工作的规范化

医院档案，具体指的就是为医院提供服务的医疗文件材料与医院建设发展过程中所产生的历史资料，其中，医院内部行政管理、科技交流、法律纠纷以及学术研究等都需要有医院档案管理工作作为支撑，注重依法管理医院档案管理工作的重要作用，进一步推进医院档案资料管理的规范性发展。基于此，本节将医院档案资料管理工作作为重要研究对象，阐述发展规范性的有效路径。

在医院长期发展的过程中，其档案资料的内容也愈加丰富。为了充分发挥医院档案资料的作用与价值，就要高度重视档案资料管理工作的规范化发展。由此可见，深入研究并分析医院档案资料管理工作的规范化问题具有一定的现实意义。

一、医院行政档案资料管理工作的规范化路径

在医院行政档案资料管理工作开展的过程中，应积极成立档案管理部门，并确定具体办公场所、安排相关工作人员，通过有效地建立档案管理部门，可以统一且全面地领导档案管理工作，但需要注意的是，档案管理部门要求接受统一领导，进而集中管理行政档案资料。构建医院档案管理部门能够为医院档案管理工作的专业化和科学化发展奠定坚实的基础，而且在部门工作规划之下，也可以为医院内部其他部门档案的归档以及整理提供必要的指导与建议，进而发展成医院档案资料信息。正是档案管理部门的构建，才会使得队伍的专业化特征得以凸显，深入分析并研究档案资料内容，进而为医院各项工作的顺利开展提供必要的参考依据。

二、医院科研档案资料管理工作的规范化路径

众所周知，要想有效提高医疗技术与医疗水平，医院科研活动的作用不容小觑，而关于科研的档案资料管理也十分重要。

一方面，针对医院所接收的科研类型档案资料，应展开细化归类整理，而且档案管理部门需要规范登记并编目已经整理好的科研档案资料。与此同时，在接收科研档案以后，要针对档案资料进行统计、分类以及加工，如果是科研成果或是绝密档案资料内容，一定要独立登记与管理，确保其封存的保密性。针对已经完成收录的科研档案资料或是既有科研档案资料接收以后，应积极开展后期鉴定工作，与科研内容相互结合，积极组织医院内部领导层、科研人员以及档案管理工作人员，针对科研期限延长与否、保密等级变动与否予以确定，并在意见保证一致的情况下，在有权主体批准以后，开展科研档案资料再管理工作。

另一方面，在科研档案资料开发方面应提供必要的服务。开发科研档案资料的现实意义深远，特别是医院内部档案管理部门，针对所接收存放科研资料应当为医院的领导与科研工作人员提供相应的服务，以保证医疗技术水平得以提高，并为人们提供资料方面的支持。医院科研档案资料管理的任务并不仅仅是保存，而是要整

理并加工所接收的档案内容，科学合理地分类并归档科研档案资料，完成搜索工具的编制，与各档案资料所总结的摘要、简介与关键词等进行有效的配合。开展医院档案管理工作的主要目的就是为内部查阅提供必要的服务，而如果是其他单位抑或是部门查阅，一定要出具部门的介绍信，在医院负责人员认可并批准以后才能够查询。其中，查询的内容只能是一般的科研档案资料，如果是绝密类型科研档案资料，不仅要经由医院领导特别批准与审查，而且不允许摘抄。

三、医院病例档案资料管理工作的规范化路径

对于医院病例档案资料而言，真实地记录了患者病情的发展与治疗过程，同样也是在面对医疗纠纷抑或是法律问题情况下最有力的证据资料。目前阶段，医疗纠纷的数量明显增加，具体表现在民事纠纷、刑事案件以及伤残鉴定等方面的取证、人身保险等法律程序，都要求医院出具报告或是资料。由此可见，积极贯彻落实病历档案资料管理工作具有一定的现实意义。

首先，病例档案资料要单独管理，因为在医院档案中，病历档案的管理工作量较大，所以有必要设置专业数据库单独进行管理。在资料库管理方面，主要涵盖了场所地点管理和资料库档案保管工作管理。在管理资料库房间的时候，要保证建筑标准和档案保管具体要求相符合，而且资料库这一专项用途是不允许改变的，不允许将其他设备设施存放于其中。除此之外，要高度重视火灾与水灾防范，进而为档案管理工作的开展营造理想且适宜的场地。一般情况下，在火灾与水灾防范的过程中，应合理使用除湿器、加湿器、通风、灭火以及温度计等多种方式，切实贯彻并落实防护管理的工作。

其次，针对病例档案资料进行严格查阅，加大借阅管理的力度。因为医院内部病例管理工作会涉及患者个人隐私，同样与医院档案资料管理制度存在紧密的联系，所以一定要高度重视查阅管理与借阅管理工作，贯彻落实资料库出入管理工作。另外，不从事档案管理工作的人员不允许随意进出资料库，如果有必要对档案资料进行查询，一定要有档案管理人员引导与监督。如果要借阅档案，需要严格遵循借阅管理机制的要求，详细登记，特别是借阅时间与方式等，必须保证记录内容的全面性。

最后，整理并归档病例档案资料。在医院日常经营与发展的过程中，每天都会形成诸多档案资料，且内容也在不断更新。为此，在实践方面，病例档案资料整理与归档工作量极大，同时要求整理与存档的规范性。在整理的时候，要求事先编号才能够保管，建立并健全体系化档案资料库，这样一来，在后期有需要的情况下，

即可在相关档案资料中进行查询，值得注意的是，虽然工作的内容简单，实际的工作量极大，要求档案管理工作人员高度认真地开展管理工作。

综上所述，医院档案资料管理工作的开展要求与新医改相适应，将医院建设发展以及中心任务作为核心内容，加强医院档案资料管理规范化的力度，贯彻并落实各种类型档案资料管理工作，进而构建全面且系统化的档案资料体系，为医院医疗与科研工作提供必要的服务。只有这样，才能够使医院档案管理工作支持功能得以提高，进一步推动医院的全面可持续发展。

第三节　新媒体环境下影像档案资料管理

近些年来，新媒体技术的广泛应用，为影像档案管理工作实现进一步的发展提供了契机。因此，本节首先对新媒体的特点与优势、新媒体环境下影像档案资料管理工作面临的挑战和机遇进行分析和讨论，并在此基础上提出了今后影像档案资料管理工作的有效管理策略，希望为我国影像档案资料管理水平的提升提供参考。

档案管理工作的开展对于人类社会的发展和进步有着非常重要的意义。通过档案管理，不但能够对人类的发展轨迹进行记录，还能够对社会发展信息进行融合，因此档案管理工作对于任何一个国家而言都是一项基础而重要的工作。近些年来，随着科学技术的进步和新媒体技术的不断普及，新媒体时代已经全面到来。在新媒体环境下，通过数字技术以及计算机技术的有效应用，能够极大地提升档案资料管理工作的水平和效率，从而使得档案资料管理工作的发展紧跟社会发展的步伐。所以说，加强新媒体环境下影像档案资料管理工作的分析和探讨，对于档案资料管理工作的本身以及社会的发展和进步都有着非常重要的意义。

一、新媒体的概念和内涵

新媒体的出现和发展，离不开计算机技术和网络技术的应用，可以说新媒体就是科学技术不断发展过程中的一个产物。相比于传统媒体，新媒体在传播速度、传播内容上都有着极大的优势。因此，在今后的发展过程中，实现新媒体技术与档案资料管理工作的有效结合，就能够极大地提升档案管理工作的效率，从而实现档案管理工作水平的提升。

从概念上来看，新媒体是一个相对的概念，而且其处于不断进步和发展过程中。但是，不论是哪一个阶段的新媒体，都需要以数字化技术的应用为基础和平台。从其发展和应用的本质来看，新媒体技术是能够将多种信息传播方式实现有效融合的一种技术，这一技术特点与当今时代的发展和社会的建设需求十分契合，因此，新媒体技术在影像档案资料管理中的有效应用，对于档案管理行业以及社会的发展有着重要的推动作用。

二、新媒体环境下影像档案资料管理工作面临的挑战与机遇

相比于传统单纯的文字档案，影像档案更加生动和形象，能够对社会的发展进行直观的记录。提升影像档案管理工作的水平和效率，对于我国社会文明的建设有着非常重要的作用。但是，从我国影像档案资料管理工作的开展现状来看，在实际的管理工作中，仍然存在着较多的问题，这些问题的存在，不但会影响档案管理工作效率的提升，也为新媒体技术在影像档案资料管理工作中的应用制造了障碍。

影像设备无法得到有效的应用。近些年来，随着影像拍摄设备的不断革新以及我国经济的不断进步，我国资料管理单位的影像拍摄设备的性能和数量也有了极大的改观，在大多数的档案管理单位中，专业数字摄像机、高性能单反等设备一应俱全，而且档案管理单位的相机大多都配备了充足的定焦镜头，完全能够满足高质量的影像档案管理工作的需求。然而，影像设施的应用水平以及管理水平却无法满足如今影像档案资料管理工作的需求。一方面，大多数档案管理单位对于影像设施的管理缺乏应有的管理意识，没有制定相应的管理制度，导致一些影像拍摄设备存放于个人手中，对于设备的使用和变更，也没有进行及时的记录，造成设备利用率不高。另一方面，很多影像拍摄人员缺乏专业的影像拍摄技能和知识，无法将影像拍摄设备的性能充分发挥出来，而且还会造成资源的浪费。

影像摄录人员结构不合理。影像档案资料的质量是影像档案资料管理过程中的核心，因此，影像摄录人员的结构水平对于档案资料管理工作的质量有着直接的影响。一方面，随着我国教育事业的不断发展，影像摄录人员的文化水平有了极大的提升，在大多数档案管理单位中，从事影像摄录工作的职工学历普遍在大专以上。尽管摄录人员学历较高，但是缺乏具备专业知识和技能的人才，大部分摄录人员非摄录相关专业毕业，这一问题的存在导致摄录质量难以得到有效的提升。

此外，在一些单位，仍然存在数量较多的大龄职工，这些职工虽然档案管理工作的经验丰富，但是在文化素养以及技术水平方面较为欠缺，对于新媒体技术以及先进的摄录和档案管理技术接受的速度较慢，无法满足新媒体环境下影像资料档案管理工作的发展要求。

影像档案管理缺乏健全完善的管理体系。在现阶段的影像档案资料管理工作中，管理体系混乱、管理水平较低，已经成了一个普遍存在的问题。我国大部分的档案管理单位在开展影像档案资料管理工作的过程中，仍然处于放任自流、无章可循的状态。一是尽管大部分档案管理单位都配备了专业的影像摄录设备，却没有对摄录设备的管理人员进行配备，导致很多单位的摄录设备都处于私人管理的状态。在开展影像摄录的工作过程中，虽然有指定的人员对摄录设备进行应用，但是大多数摄录人员缺乏正确的设备管理认识，完成摄录工作之后并没有对摄录工作进行归档和整理，导致影像档案资料的安全性无法得到保障。二是影像资料的保存具有较高的要求，为了保障影像资料的质量和完整性，在影像资料搜集完成之后，必须放置到恒温、恒湿的设备中进行保存，要避免资料在湿度较大、温度较高的环境中存放。但是现阶段我国大多数档案管理单位显然没有认识到这一问题的重要性，在对影像档案资料进行管理的过程中将其与普通档案资料一起存放，导致影像资料档案的完整性和安全性无法得到有效的保障。除此之外，一些档案管理人员缺乏应有的档案资料保护意识，在对影像档案资料进行利用的过程中，对档案进行随意的处理，例如损坏、篡改以及复制等行为，导致影像档案资料管理工作存在较大的风险。

影像档案资料能够对重要活动的流程进行系统和精准的记录，对于当今社会各行各业的发展都有着非常重要的意义。因此，实现新媒体技术与影像档案资料管理的有效融合有着非常现实的意义。近些年来，随着网络技术和计算机技术的不断发展和普及，各种信息以爆炸式的形式进行传播。但是对于社会大众而言，在信息快速传播的时代，信息的选择和应用水平有着更重要的意义。在这样的背景下，影像档案资料则能发挥出相应的作用，进一步提升新媒体信息传播的质量和内涵。新媒体技术的有效应用对于影像档案资料的管理也有着重要的推动作用，在过去的传统档案资料管理过程中，档案资料的形式单一，在资料的保存和传递方面都存在着较大的困难，但是在以数字技术为基础的新媒体技术帮助下，影像档案资料不但能够实现云存储，而且能够进行便捷的共享和整理，从而满足社会大众对影像资料的应用需求，为档案管理工作的进一步发展开辟广阔的空间。

三、新媒体环境下影像档案资料管理有效策略分析

树立正确的影像档案资料管理意识，积极构建健全完善的管理体系。新媒体技术的不断优化和普及，极大地推动了社会各行各业的发展和进步。目前将新媒体技术融入行业的发展过程中已经成为一个主流的趋势。因此，在今后的发展过程中，

一方面档案资料管理单位的相关领导和干部必须要树立正确的档案资料管理意识，充分认识到将新媒体技术与影像档案资料管理工作融合的重要性。另一方面，从事影像档案资料管理的人员，必须要加强对新媒体技术的学习和研究，积极将新媒体技术应用到实际的影像档案资料管理工作中，将新媒体技术对影像档案资料管理工作的推动作用充分发挥出来，为档案资料管理服务水平的提升奠定坚实的基础。除此之外，政府部门必须要对档案资料管理单位和机构给予更多的支持和帮助，从人力、物力以及财力等方面为档案资料管理行业的发展注入强大的力量。

通过新媒体技术的应用来提升影像档案资料的宣传水平。将新媒体与影像档案资料管理工作进行结合的一大作用在于，通过新媒体技术的应用能够对现有的档案资料管理服务以及影像资料档案的宣传工作进行优化和完善。一方面，通过新媒体技术的应用和管理，相关影像资料档案管理机构能够构建一个丰富多样的数字化影像资料档案馆，从而在对影像资料档案进行完善的同时，为社会大众影像资料的查阅和利用提供更多的便利。档案机构要全面运用新媒体的优势来增强影像资料档案宣传，影像资料档案机构能够搭建专业的影像资料档案宣传网站，促使网站汇集一切的数字化影像资料档案馆藏信息，完善影像资料档案宣传部分，便于影像资料档案资源利用者进行有关信息的查阅。另一方面，影像档案资料管理的相关单位和部门还可以借助微博、微信以及QQ等社交平台，来提升影像资料档案管理服务的交互性，扩大服务的受众规模，提升影像档案服务工作的影响力，为影像档案资料管理工作的进一步发展提供保障。除此之外，随着移动通信设备的不断普及，信息阅读便捷化和终端化已经成了主要趋势。因此，影像档案资料的服务工作也应以App的形式来为用户提供资料信息的查询和便利服务。

通过新媒体技术的应用来提升影像资料档案应用效率。在实际的影像资料档案管理工作中，不但要对档案的各项信息进行整理和分类，还要对影像资料的内涵和价值进行深入挖掘和应用。在新媒体技术的帮助下，影像资料档案管理机构可以构建相应的资料档案数据库，这样不仅能够为用户的资料档案查询提供方便，还能够对影像资料档案进行高效的整理和分类，从而保障影像资料档案实现较高的利用率，避免资源的浪费。

进一步完善影像资料档案管理部门的监管和培训工作，影像资料管理机构的相关监管和监督部门必须要加强业务监管的力度，构建科学完善的监督和管理制度。一方面，要加强对大众影像资料档案的需求和现状的调查和研究，积极完善影像资料档案的服务机制。另一方面，要加强对影像资料档案管理工作人员的规范和教育，增强他们的责任意识，提升他们的工作热情，促使他们认识到影像资料档案管理工作的重要性，从而做到在实际的管理工作中能够自觉纠正自己的行为，提升自身的工作效率。要加强档案管理人员的培训力度，完善培训机制。现阶段，档案管理人员整体专业水平和业务能力不足，已经成为影像资料档案管理工作进一步发展的重要障碍。在今后的发展过程中，相关的部门和领导必须要充分认识到人才培训的重要性，定期对员工进行专业技能和知识的培训和考核，将员工的业务能力与薪资待遇挂钩，鼓励档案管理人员自主学习，对于表现出色的员工给予及时的奖励。可以通过这样的方式来为影像资料档案管理机构树立一个良好的学风，为管理水平的提升奠定坚实的基础。

总的来讲，随着新媒体技术的兴起，新媒体技术的有效应用极大地推动了社会各行各业的发展和进步。影像资料档案管理作为档案管理工作中重要的组成部分，对于社会的进步和社会主义精神文明建设都有着非常重要的意义。因此，在今后的发展过程中，影像资料档案管理的相关机构和工作人员必须要树立先进的档案管理目标，充分认识到新媒体技术对影像资料档案管理工作的推动作用，积极将新媒体技术充分应用到实际的档案管理工作之中。除此之外，相关的机构和部门必须要对现阶段影像资料档案管理工作中存在的问题有一个清晰的认识，并积极采取有效措施进行解决，为今后影像资料档案管理工作水平的提升提供助力。

第四节 建筑工程档案资料管理

随着建筑行业的不断发展，档案资料信息化管理的不断加深，传统的建筑行业内部档案管理方式和管理理念已经难以适应时代发展的需求，进一步完善建筑工程档案资料的管理方法是现代建筑行业发展过程中必须解决的一个问题，同时也是建筑行业长期稳定发展的基础保障。管理人员必须从根本上认识到对建筑工程档案资料实行科学有效管理的重要性，不断地优化自己的管理方法，让建筑工程的档案资料管理变得更加科学化和规范化。

一、建筑工程档案资料管理工作的重要性

档案资料的完整性是保证建筑工程施工质量的基础，由于建筑工程的施工工序复杂、涉及范围广泛，这在一定程度上增加了档案资料管理工作的难度，因此，更

应该不断强化和完善建筑工程的档案资料管理工作，让其管理更具有科学性，同时档案资料的管理工作也是建筑企业内部控制体系整体水平的一种体现，它可以很好地反映出档案资料管理者对于企业内部管理的重视程度，对于部分建筑工程项目来说，如果其存在着档案资料管理上的问题，则将整个工程当作不合格工程来处理，这也从另一个方向上说明了建筑工程档案资料管理工作的重要性。

除此，建筑工程的档案资料管理工作还包括了对建筑工程建设中所使用到的技术、存在着的问题，以及解决措施等的记录工作，这为日后的工程分析、检验和审核带来了很大的帮助，同时也可以为下次工程项目的建设提供宝贵的经验。对建筑工程的档案资料进行详细的分析和研究，还可以知道本次工程施工中具有的优点和存在的缺点，这对提升将来的建设效率和建设质量有非常大的帮助。

二、建筑工程档案资料管理存在的问题

虽然近些年来，我国的建筑行业有了非常迅速的发展，但在建筑工程的档案资料管理工作上依旧存在着不少问题，再加上建筑工程周期长、档案资料复杂、数量种类多等特点，让建筑工程档案资料管理工作的缺陷更加明显，这主要体现在以下三个方面：

第一，档案资料管理模式混乱。在目前的建筑工程项目中，普遍存在着各部门各自为政的情况，使得建筑工程的档案资料得不到统一管理，这在一定程度上不仅增加档案管理的工作难度，同时也加大了资料丢失概率，在真正需要查找相关档案资料时，经常要花费大量的时间才可以找到，这就大大地降低了档案资料的利用率。

第二，对档案资料管理工作不够重视，管理人员专业知识薄弱。部分企业对档案资料管理的工作的重视度不够，认为档案资料管理是一项非常简单轻松的工作，这就出现了许多档案管理人员身兼数职的情况。在建筑工程的档案资料管理人员中，绝大部分都是由其他岗位临时调任的，严重缺少档案资料管理的基础专业知识，使得档案资料的管理工作难以科学、全面。

第三，档案资料缺乏准确性和完整性。由于建筑工程的工作内容复杂、涉及部门广泛、工作周期长，在进行档案资料管理时，如果没有足够的耐心和细心是无法将工作做好的，就会导致其档案资料经常出现不完整和错误的情况，再加上管理人员专业技能的缺乏和管理方式不统一，导致许多档案资料都没有及时地进行归档，这就加大了重要资料丢失的概率。

三、改善建筑工程档案资料管理的相关对策

　　档案资料管理工作对整个建筑工程有着非常重要的意义，要想进一步改善建筑工程的档案资料管理工作的质量，可以从以下几个方面着手：

　　提高对建筑工程档案管理工作的重视度。要提升建筑工程档案资料管理工作的质量，首先企业内部和管理人员必须对其管理工作给予足够的重视。由于档案资料管理工作与经济利益没有直接的联系，导致部分建设施工单位，没有将档案资料管理工作放在心上，经常在工程完工程验收时才进行档案资料的收集与整理。从表面上看，这可以节约建筑工程施工过程中的人力和时间，但由于许多资料没有能在第一时间进行整理和收集，使得许多重要的资料出现丢失或不完整的情况。这对日后的工程维护、经验总结非常不利。所以，只有加强建筑工程档案管理工作的重视程度，才可以让管理工作变得更加科学严谨，才可以确保资料的完整与准确。

　　建立并不断完善档案资料管理制度。管理制度是建筑工程档案资料管理的重要指导，良好的管理制度是档案资料准确性与完整性的重要保障。所以必须建立起一个科学合理的档案资料管理制度，并严格地将其落实到实际的管理工作中，并在实行过程中不断地进行制度完善，设立一个专门的管理部门来对档案资料进行统一的管理。将档案资料的收集、整理、存档工作进行规范化，并注重每一个环节中档案资料的及时性、准确性与有效性，严格地执行档案资料的借阅制度，避免出现档案丢失的情况。

　　严格进行竣工验收档案资料的检查与审阅。在建筑工程的竣工验收期间，档案资料的准确性与完整性对其验收工作有着非常大的影响，所以必须严格地做好工程竣工验收档案资料的检查与审阅。档案管理人员应该在工程项目管理人员的陪同下，根据建筑工程的档案归档的要求去对所有相关文件进行检查、审阅，一旦发现其中存在着任何问题都应该马上解决，查漏补缺，确保所有竣工材料都符合真实情况。同时，还要将《建设工程质量管理条例》《工程竣工验收备案制》等相关条例落实到实际的工程验收档案资料的审核、移交中，使竣工的验收工作和档案的验收可以同步进行。对不符合规定要求的移交工作，应该采取相应的处理措施，例如：不颁发《建设工程档案合格证》、建设单位不结清尾款等，从而更有力地保障建筑工程档案的完整性与准确性。

　　档案资料管理人员进行定期的培训。档案资料管理人员的专业技能和综合素质对档案管理工作的质量有着非常大的影响，所以相关部门应该对档案资料管理人员

进行定期的培训，提升管理人员的管理能力和专业知识，并对其进行定期的考查，无法通过考试的工作人员应该给予二次培训的机会。除此之外，还应不断地引入先进的管理方式，将先进的科学技术运用到建筑工程的档案资料管理中，有效地提高档案资料的管理效率和管理质量，并积极搭建相关的沟通交流平台，让管理人员可以通过沟通交流来提升自己的管理水平，促进建筑行业的不断发展。

第七章 现代化档案管理人员特点

第一节 档案管理现代化中的人文因素

一、以人为主体的人机系统

以人为主体,实现档案管理现代化和建立现代化档案管理系统的原因,主要体现在以下三个方面:

第一,人的认识的提高是实现档案管理现代化的前提条件。档案管理现代化代表着一种先进的观念,那就是充分利用科学技术,提高档案管理效率与质量。实现档案管理现代化,从某种意义上说,是先进理念对传统理念的代替。人的认识与观念的变化对档案管理现代化的影响表现为两个方面:其一,要不要实现档案管理现代化,在一定程度上是由档案部门和档案管理人员(尤其是档案部门领导)决定的;其二,在档案管理系统中,由人进行具体的操作,即由人判别具体情况,根据需要配置适当的设备与软件,最终得到符合管理需要和利用需要的处理结果。

第二,有专业技能的人,是档案管理软硬件系统的开发者、使用者和维护者。所以即使是最先进的计算机系统或其他系统都不能代替人的全部智慧和艺术。

第三,人是档案信息的主人。档案信息的处理、存储、输出、传递都是由人来实现,而且都是为人服务的。

二、建立良好的人机界面

在实现档案管理现代化时,要充分体现机器服务于人,建立良好的人机界面的设想,在设计档案管理系统应用软件时,需要体现以下几个方面:

(一)使用户操作方便简捷

例如,一项按常规分层本应被安排在第三层的功能,对某用户来说它又很常用,在界面设计时就应该考虑到这一因素从而把这项功能适当提前放置。类似这种细微的考虑会令用户使用起来感觉方便了很多。再如，一般图形按钮方式适用于功能较少层次不多的场合，而下拉菜单方式则更适用于功能较为复杂的情况；对于综合性系统，二者结合起来使用效果会更好；对于较复杂的数据操作，则应考虑使用树状结构的图形做更直观的引导。

（二）注意减轻用户疲劳

由于长时间观看屏幕会使人感到疲劳，因此在界面设计时要适当注意，不能一味地追求复杂亮丽的图案，而要做到既能在必要时引起用户注意，又能让用户长时间观看不会感觉过度疲劳。例如，在设计时应尽量避免琐碎花哨的图案，少用大块对比强烈的颜色。一般规律是，鲜艳的颜色在同一画面中不能多于两种，且最好只用于初始性或装饰性的界面，灰色则适用于长时间操作的界面；为避免操作者麻痹，除警告信息外，一般不使用红色；为避免分散操作者的注意力，画面中的活动图形最好不超过一个。

（三）通用软件的个性化

比较成熟的软件产品，或一些通用系统，可能会有很多的用户。除了在功能设计上应当做到针对用户的特殊需求进行方便的改动外，在界面上也同样可以针对具体的用户采用不同的界面图形，以便突出用户的个性。让用户或操作者感受到这个软件是经过了量体裁衣而为其定做的，使通用软件到了特定用户手中也会觉得像专用的一样亲切。

三、更新观念、迎接挑战

方法和技能的更新，是以观念的更新为先导的。档案管理现代化需要以更新观念为先导，这尤其可以从电子文件所带来的影响上直观地看出来。

国际档案理事会在20世纪90年代对于电子文件也予以极大的关注。首先是建立专门的电子文件委员会，并在1996年制定了《电子文件管理指南》，在各国征求意见，在1996年的第十三届国际档案大会也把电子文件管理问题作为一项重要议题来讨论。其次是1998年，在北京召开的国际档案理事会的电子文件管理、档案保护技术研讨会则继续这种探讨。最后是2000年，在西班牙召开的第十四届国际档案大会，其中主报告之一就是"全球范围内的电子文件管理与利用"。由此可见，国际档案理事会和先进国家都开始重视起电子文件的管理问题。

随着我国"无纸办公"领域的扩张,我国档案界对于电子文件的研究也给予了很大的重视。1996年9月,国家档案局成立电子文件研究领导小组,下设《电子文件归档与电子档案管理概论》编研组、《电子文件归档与管理规范》研制组、《CAD电子文件光盘存储、归档与档案管理要求》研制组,表明我国已经进入了有计划、有组织研究的时期。国家档案局于1999年出版《电子文件归档与电子档案管理概论》,并草拟了《电子文件归档与管理规范》和《CAD电子文件光盘存储、归档与档案管理要求》。

近几年来,档案工作报纸、杂志都刊发了许多有关电子文件的文章,尤其是1998年《档案学通信》第1~6期连载了冯惠玲教授的博士论文《拥有新记忆——电子文件管理研究》(摘要),更是系统研究的力作;国家哲学社会科学规划办公室下达的1999年重点课题就有"电子环境的文件档案一体化管理"项目,2009年国家档案局也下达了科研项目——"关于电子文件管理的基础理论研究";由国家档案局和中央档案馆印发的《全国档案事业发展"十五"计划》中,则专门在"工作任务"中设置"档案信息化建设",具体规定,需要解决有关电子文件归档与电子档案管理方面的五项工作内容;截至2001年,我国已出版"电子文件"管理方面的著作教材5种。这些充分表明了我国档案界对于电子文件的态度,也充分说明了我国档案界迎接电子文件与电子档案所带来的挑战的决心与所采取的有力措施。

我国档案界目前对于档案管理现代化的认识,还要注意以下两个方面:

第一,需要全面了解档案管理现代化所产生的效应。客观上说,档案管理现代化给我们带来了提高档案管理效率与管理质量的机遇,但我们更应该看到其带来的挑战。它要求我们要解决许多问题,比如人才、设备、经费和技术等问题。如果这些问题不解决,我们就应付不了档案管理现代化的挑战,也就不能真正地实现档案管理现代化。

第二,要明确现代化管理全面取代手工管理需要一个漫长的过渡时期。从目前国内外学者对档案管理现代化的一些论述,尤其是电子文件来看,有些学者对这个问题的认识存在着模糊性,出现了一些脱离实际的清谈论调,出现了许多玄虚的概念术语;而且这种风气也影响了我国档案界,我们可以看到现在有些档案学术文章,也出现了某种清谈论调,不触及具体的实际问题,提不出具体措施,只做空泛之谈。这种风气的产生,不仅非常不利于问题的解决,而且容易将人们的认识引向误区。

第二节 档案馆人员的个体素质

档案馆人员的个体素质，是指一个档案馆人员应具备的基本条件，具体地说，是指单个工作人员由德、识、才、学、体等基本因素组成的有机统一体。

由于档案馆存在着不同的职位，而不同职位对人员素质有不同的要求。因此，在配备工作人员时，应充分考虑其个体素质，并通过教育、培训等方式不断完善个体素质。

归纳起来，档案馆人员的个体素质由政治素质、职业道德修养、知识素质、身体素质四个方面组成。下面分别对这四个方面加以阐述：

一、政治素质

政治素质是指档案馆人员的政治思想状况。对档案馆人员政治素质的要求，是由档案馆工作的性质和特点决定的。社会主义的档案馆工作，有明确的政治目标和服务方向，以党的利益和国家利益为最高利益，是党和国家的科学文化事业机构。同时档案馆工作还具有机要性。因此，在社会主义条件下，档案馆工作者必须具备较好的政治素质，即具有马列主义修养，较高的社会主义觉悟，坚持四项基本原则，坚持改革开放，拥护党的路线、方针、政策，维护党和国家的历史真实面貌，严守党和国家机密，积极为社会主义现代化建设服务。

二、职业道德修养

职业道德，指以一定的道德指导职业活动。档案馆人员的职业道德修养，指档案馆人员进行专业活动时，应遵守的行为规范和应具备的相应品质。

我国档案馆人员应具备的职业道德修养：

（一）主动服务

档案馆是科学文化事业的组成部分，是科学研究和各方面工作利用档案史料的中心，它面向国家、面向社会，要为科学、文化、经济、政治等各项工作服务。为了最大限度地满足社会对档案的需求，档案馆工作人员必须改变传统的封闭保守的思想观念和"看门守摊"的工作方式，变被动服务为主动服务，努力满足利用者的需求，节约利用者的时间，以实现档案馆工作的社会效益和经济效益。

（二）保守机密

档案馆所保管的档案大部分是公开的，同时也有相当一部分是机密或限制利用的材料，因此依法保守机密是档案馆人员的职责。同时档案馆人员保守机密的行为，不仅仅是出于遵守法律，而且应当成为一种职业素养。因此应培养他们严格的保密观念和良好的保密习惯，以确保档案的安全。档案馆人员最大限度地向利用者提供档案文件和遵守有关保密的法规制度，都是符合国家利益的，在注意严格保密的同时，充分开发利用档案资源，是对立的统一。

（三）严谨细致

档案馆工作是一项科学性、技术性很强的工作，也是一项复杂、细致的工作，有时甚至是单一、琐碎的工作。在档案馆工作，尤其是业务技术工作的各个环节中，培养严谨细致、一丝不苟的工作作风，是改进档案馆工作质量，提高档案馆工作效益的前提。

三、知识素质

知识素质是指一个档案馆人员应具备的专业知识和其他相关知识。我国已明确肯定档案工作是一项专业工作，档案人员是专业技术人员队伍的组成部分。档案馆作为一个独立的实体，档案馆工作是一项专业性很强的工作，如业务工作中收集、整理、保管、鉴定、统计、提供利用等环节均有其科学原理和实际操作技能。此外，由于档案的内容涉及人文与社会科学、自然科学、管理科学、工程技术等方方面面，要对馆藏档案进行科学的管理和加工，充分开发档案信息资源为社会服务，档案馆人员就必须了解和熟悉档案内容，必须掌握档案内容所包括的知识。因此档案馆人员必须具有一定深度和广度的专业知识及相关知识，一般而言，档案馆工作人员应具备的知识由以下四个方面构成：

（一）政治理论知识

档案馆人员要学习马列主义和毛泽东思想，确定正确的立场、观点和方法，以辩证唯物主义和历史唯物主义的原理指导档案馆工作，研究档案内容，保证档案馆事业的健康发展。

（二）基础知识

主要包括：①语文知识。语言文字是档案馆工作，尤其是档案管理工作的基本工具。不具备扎实的语文功底就不能保证档案馆工作的质量，另外，书法功底也很重要。②历史知识。档案是历史材料，档案馆人员应具备一定的历史知识。对档案馆保存档案所针对的历史时期的历史知识，必须有一定的了解。③外语知识。随着档案馆馆藏的丰富，档案材料的语种也逐渐增多，这就需要档案馆工作人员具有一定外语水平。此外，外语是档案馆进行对外交流的工具，掌握这一工具，对于宣传和扩大我国档案馆的影响以及学习国外档案馆的先进理论和技术有积极的作用。

档案馆人员只有具备扎实的基础知识，才能熟悉和掌握档案形成的特点，正确揭示档案内容并以简练准确的文字表达出来，有效地开发利用档案信息资源。

（三）档案学知识

档案馆人员应系统地学习和掌握档案学知识。档案学的理论来源于档案工作实践，档案工作实践又迫切需要档案学理论的指导。作为档案馆工作者，一方面要解决他在工作中所遇到的问题，就需要有较高的档案学理论和知识水平，即以档案学原理指导日常的档案馆工作。另一方面，将工作中出现的新现象、新经验上升到理论的高度来认识，在实践中不断总结、补充、发展和完善档案学的理论体系。作为档案馆的业务人员，应对档案馆学、档案学、档案管理学、科技档案管理学、档案保护技术学、文献编纂学、文书学、档案分类学等有较全面深入的了解；对于档案馆管理者而言，也必须具有档案学、档案馆学的专业知识，才能适应档案馆工作专业性的要求，不断提高档案馆工作整体水平，从而实现档案馆管理的标准化、现代化。

（四）相关专业知识

档案馆工作涉及范围广泛，知识门类繁多，特别是在现代科学技术高度分化、高度综合的背景下，仅有档案学知识是不能够胜任档案馆工作的。此外，档案馆档案内容丰富，要在档案收集、整理、保管、编研、提供利用的过程中进行正确的分析、研究，正确判断档案的价值，发挥档案的经济效益和社会效益，必须熟悉档案内容，了解档案内容中所涉及的知识。英国利物浦大学档案馆馆长迈克尔·库克（Michael Cook）认为，档案工作人员要具有情报学、历史学、印刷学、方志学、档案保护学、图书馆学、法律学、社会学、建筑工程学、管理科学、教育学、出版学、语言学等广博的知识。这些方面的知识在档案馆实际工作中各有侧重，并且应有不同人才进行不同组合才能实现。

四、身体素质

健康的体魄和充沛的精力是档案馆工作人员发挥才能做出贡献的前提条件。从档案馆目前的具体情况看，不仅有脑力劳动，也有大量的体力劳动，档案馆的档案接收、整理、保管等基础工作，更是脑力劳动和体力劳动兼而有之，没有良好的身体素质是无法胜任的。良好的身体素质是档案馆工作效率的保证，因此在档案馆人员应具备的素质中，身体素质是重要的条件。

第三节 档案馆人员的群体结构

一、档案馆人员群体结构的含义

（一）档案馆人员群体结构概述

群体不是个体的抽象的数字总和，也不是简单的个体集合，而是一个整体。它是具有一定的组织规律的有机组合，建立在其成员相互依存和相互作用的基础上，并有特定的群体目标。

结构组成一个整体的各个因素之间稳定的相互联系。任何事物都有其结构。一定的结构，可以使组成事物的各个因素发挥它们单独不能发挥的作用；相同的因素，由于结构不同，可以形成不同的事物；合理的结构会推动事物的发展，而不合理的结构会阻碍事物的发展。

档案馆人员的群体结构，也称人才结构，是指档案馆系统中各类人员的构成状况。

（二）档案馆人员群体结构与个体素质的关系

档案馆人员群体结构由档案馆人员的个体素质组成，是全馆人员的思想意识、业务水平、智慧与能力以及体力的综合表现。

1. 档案馆人员个体素质的差异是建立群体结构的前提

档案馆人员个体素质的差异既有自然因素又有社会因素，既有生理因素又有心理因素。归纳起来，主要有以下几个方面：①年龄差异。不同年龄的工作人员在智力、能力、精力、工作经验以及对待工作生活的态度和价值观念上都有较大的差别。②知识水平的差异。表现为档案馆工作人员在所受教育的程度以及直接和间接获得的专业知识及相关知识的数量上与内容上的差异。③智能差异。这种差异即综合运用知识的能力上的差异，包括自学能力、研究能力、思维能力、表达能力和组织能力等。这种差异表现在质的方面，就是具有不同类型的智能；表现在量的方面，就是具有不同的智能水平。④性格差异。档案馆人员在气质性格上也具有很大差异，如肯定型（积极型）、否定型（消极型）、内向型、外向型及折中型。对于档案馆来说，应正视个体素质差异，使档案馆人员在年龄、知识、智能、性格上互相补充，相得益彰，适应档案馆不同工作内容的要求。

2. 档案馆人员的群体结构并不是个体素质的简单相加

群体结构取决于将个体素质按照一定的方式和比例组合成最佳结构，使全馆不同层次、不同类型的人才，都能放在最适宜的岗位上，各得其所，各尽其能，以调动一切积极因素。此外，群体结构并不是一成不变的，由于其构成因素的运动和外界环境的影响，群体结构是不断发展变化的，档案馆人员群体结构也是可以有意识地加以改变的。

二、档案馆人员群体结构划分

档案馆人员的群体结构是一个多序列、多层次、多要素的综合体。群体结构可分为不同的方面，如职类结构、专业结构、知识结构、智能结构、年龄结构等，群体结构就是这些方面的有机组合。

（一）职类结构

指档案馆内从事不同职能活动的人员数量、比例及相互关系。档案馆人员包括管理人员、业务技术人员、后勤辅助人员三大类。档案馆作为一种科学文化事业机构，在人员构成上以业务技术人员为主，以保证档案馆各项业务工作的开展。同时必须有一定数量的管理人员和后勤辅助人员，对业务技术人员及其活动加以组织、管理和给予各方面支持，因此这三类人员必须有合理的构成比例。如《地方各级档案馆人员编制标准》中规定，在生活后勤工作独立的档案馆可按不超过业务人员的20%增加编制。档案馆如果单独管理人、财、物，专业人员与行政人员的比例一般可为5∶1。

（二）专业结构

档案馆人员的专业结构，指为档案馆进行业务工作所需要的专业职务的构成。其专业结构，不是由档案馆中各成员都具有同等的专业水平组合成的平面结构，而是由高、中、初级不同知识水平的人，按一定比例构成的立体结构。按照国家档案局制定的《档案专业人员职务试行条例》，为了与档案馆所承担的工作任务相适应，档案馆高、中、初级档案专业职务的限额应有合理的比例，从而为建立档案馆合理的专业结构提供了依据。高级档案专业职务指研究馆员和副研究馆员、中级指馆员、初级指助理馆员和管理员。

一般而言，档案馆人员专业职务构成可以呈梯形，即初级专业职务为多数，中级专业职务次之，高级职务较少。随着档案馆事业的发展，也可以形成纺锤形，即高级和初级专业职务较少，中级专业职务居多。

（三）知识结构

知识结构，是指档案馆内具有不同知识背景、知识水平的人才的组成状况。根据档案馆类型及档案馆内管理及业务活动的特点，不同的档案馆要网罗具有不同知识、技能的人才，构成合理的整体知识结构，适应档案馆工作的要求。一般而言，档案馆除应有足够的档案专业人才外，还应有历史、现代科技、外语等不同学科人才。就我国目前状况来看，大型综合性档案馆往往保存较大数量的明清档案或革命历史档案，历史档案管理及档案编纂方面的任务比较突出，因此需要一定数量的、具备历史知识的人才；而科技档案馆则需要具有科学、工程技术方面知识背景的专业人才。如果馆藏中有一定数量的外文档案，则要求档案馆人员还需具备相应的外语知识和水平。

（四）智能结构

智能结构是指具有不同智能类型和不同智能水平的人才在档案馆中的合理配置。一方面，组织中智能结构的最佳组合并不是同一智能类型的人才的组合，而是不同智能类型的人从事不同的工作，如：让善于组织的人员从事管理、协调方面的工作；让擅长研究的人员从事史料研究及编纂；让条理性强，仔细认真的人从事常规性工作，如按照较为固定的程序和标准对档案文件进行整理、编目、借阅以及库房管理；让思想活跃、不墨守成规的人从事非常规性工作，如咨询服务等。另一方面，还要注意使智能水平不同的人处于不同级别的工作岗位上，注意将具备不同智能的人员搭配好，将减少内耗，使整体功能得到有增值。

（五）年龄结构

年龄结构是指老年、中年、青年组成的综合体。不同年龄的人具有不同的智力水平和心理特征，年轻的档案馆工作人员思想活跃，精力旺盛，容易接受新思想、新技术，不局限于传统常规，但往往缺乏实际工作经验，价值取向不稳定；中年人思维敏捷，精力充沛，处于智力和能力充分发挥的最佳时期，是档案馆工作的骨干；老年人具有成熟的人生观和丰富的工作经验，但较为保守，不易接受新的观念。建立合理的年龄结构，应根据不同年龄的档案馆人员在知识水平、工作经验、心理特征等方面不同的特点，适当调配老年、中年、青年的人员比例，使不同年龄的工作人员都能充分发挥能力，愉快地工作，和谐地相处，并适应和体现出档案馆工作不断发展、连续、过渡的要求。

第四节　档案馆人员的培养与教育

档案馆人员的培养和教育，是档案馆人员管理的重要内容之一，主要包括两个部分：一是学校教育，也可称为"一次性教育"，包括档案高等教育、中等教育等形式；二是在职教育，包括继续教育和全员培训。1985年6月，国家教育委员会和国家档案局在四川省联合召开全国档案学专业教育改革座谈会，讨论通过了《关于发展和改革档案学教育的几点意见》，提出了"积极稳妥地发展高等教育，有计划地大力发展中专教育，积极发展在职教育，合理调整教育结构"的方针，为我国档案馆人员的培养与教育指明了方向。

一、档案馆人员培养和教育的目的和原则

（一）培养和教育的目的

档案馆人员培养和教育的主要目的有两个：

1. 知识的获取与更新

现代档案馆工作及管理过程中，广泛地运用了先进的科学技术知识，档案馆人员可以在工作前的学校教育中获取这些知识，也可以在工作中不断地补充和更新。

2. 能力的发展

档案馆工作是专业工作。为了有效地从事这项工作，档案馆人员必须具备职业要求的基本能力，如基本素养、基本技能等，并在职业活动中不断提高能力。

（二）培养和教育的原则

1. 教育和培训系统的结构应与职业结构相一致

档案馆人员的教育结构与层次应适应档案馆工作岗位结构与层次的需要，这样才能做到人尽其才，才尽其用。

2. 按需施教，学用一致

教育和培训的内容应从档案馆的实际出发，普及与提高并举，达到系统性与更新性相结合。

二、档案专业的学校教育

档案专业的学校教育是培养档案馆人才的主要渠道。目前我国的这一系统包括高等教育和中等教育两个层次。

（一）档案高等教育

从培养方式上来说，档案高等教育主要有博士生、硕士生、本科生、大专生四种类型。

1. 博士生

博士教育主要培养档案理论技术研究的高级专门人才。博士生学制3年，学习期满后，通过论文答辩获得博士学位。

2. 硕士生

硕士生教育培养档案学理论技术研究和教学的专门人才。目前，我国档案硕士生教育分为两种情况：第一种是硕士研究生，学制3年，学习期满后，通过论文答辩获得硕士学位；第二种是研究生班，学制2年，在校学习期间不做毕业论文，不授予硕士学位，但是享受研究生待遇。

3. 本科生

本科生教育培养高级档案管理和技术人才。学制4年，学习期满后，通过毕业论文答辩，授予学士学位。近年，有的院校实行"双学位制"，即毕业生同时获得档案专业和其他专业两个学士学位。

4. 大专生

档案大专生培养高级档案专业技术应用人才。学制2—3年，按招生、分配和管理体制分两种：第一种是经教育主管部门批准在正规大学办的大专班，第二种是地方政府或主管部门批准在社会大学所办的大专班。

（二）档案中等教育

档案中等教育包括档案中专教育和档案职业高中教育两个方面：

1. 档案中专教育

学制 2—4 年，培养从事档案管理工作的中初级技术人才。招收对象为初中生，学习普通高中文化课程以及档案专业基础知识和档案业务基本操作技能，毕业后到档案部门从事档案管理工作。档案中专是近年档案教育发展的一个重要方面，因此全国各地普遍开办了档案中专教育。

2. 档案职业高中教育

学制 3 年，为本地区培养从事档案管理的一般技术人才。招收对象为初中毕业生，在校，学习文化课和档案专业基础课，毕业后，由档案部门择优录用。

这些不同层次、不同类型的档案专业为档案事业、各级各类档案馆培养了大量专门人才。我国档案馆专业人员队伍在 20 世纪 80 年代有了较快发展，在 90 年代初期粗具规模，专业人才培养与需求之间的矛盾逐步缓和，这与我国档案专业学校教育的发展和完善是密切相关的。此外，档案专业的学校教育，也为今后档案馆专业人员的补充提供了保证。为了档案馆各项工作顺利进行，档案馆专业人员的素质必须有保证，即进入档案馆从事业务工作的人员，必须有规格有标准。档案专业的学校教育，为档案馆提供了人才基地，为保证档案馆新增工作人员的高质量工作提供了条件。

三、档案馆人员的在职教育

在职教育是现代档案教育体系的一个十分重要的组成部分。虽然我国档案学校教育已发展到一定规模，但所培养的档案人才远不能满足档案馆事业发展的需要，在档案馆人员中还有相当一部分没有受过专业教育。因此为了提高现有档案馆人员的素质，改变档案馆人员的专业知识结构，有必要开展在职教育。特别是随着我国档案事业的发展，档案工作现代化程度的提高，现有档案馆人员知识更新日趋加快，在职培训就显得越来越必要和紧迫。

继续教育和全员培训是在职教育的两种基本形式。1993 年中共中央、国务院制定的《中国教育改革和发展纲要》指出："把岗位培训和继续教育作为发展的重点，重视从业人员的知识更新。"其中"岗位培训"是全员培训的一种形式。

全员培训与继续教育的区别：就培训内容而言，全员培训是以基础性、资格性的达标培训为主，而继续教育则是以更新、拓展、加深知识的提高教育为主。就目的而言，前者是为满足上岗转岗等岗位工作的需要，而后者除了要满足岗位工作的需要外，还要适应科学技术的发展需要，不断拓宽专业技术人员的工作领域，以更好地发挥他们的才智和潜能。

（一）档案馆人员的继续教育

继续教育是整个人才教育培养体系中的重要组成部分，是解决档案馆在职人员学历的主要形式。它主要由各类成人教育机构来组织管理，如业余大学、干部进修学院、电视大学、函授学院等。各类办学形式都有明确的培养目标，学制 2—5 年。课程设置以政治理论和档案专业课为主，辅以文化基础课和外语，并根据需要开设一些专题讲座和选修课。学历多是大专层次，也有的是本科层次。参加学习的档案人员大多不脱产，即利用工余时间学习。有的半脱产，占用少量的工作时间上课，利用业余时间自学。

在对档案馆人员的继续教育中，要注意针对档案馆业务工作特点设计教学内容。教学中既要有更新、提高性质的，如档案馆工作现代化、标准化、法治化等方面的内容，也要有补充性质的，如近年来国内外档案学、档案馆学研究的新成果、新知识等内容。

（二）档案馆全员培训

全员培训是利用较短时间对在职人员实施的档案教育，它以档案馆人员及时获得必要的知识、技能、经验或更新思想观念为主要目的。其特点是周期短、见效快、针对性强、实用性高，是大规模地培训档案馆人员的有效途径。因此各级各类档案馆广泛采用全员培训方式来提高现有档案馆人员素质，达到优化人员群体结构、提高档案馆工作效率的目的。

从内容上看，全员培训可分为：①政治理论与思想道德培训。主要内容是学习马列主义哲学、近代史、中国革命史、党史、党和国家有关方针政策，宣讲职业道德等。②岗位专业知识培训。培训内容根据档案馆不同工作岗位实际需要，依照职位、专业、层次的要求来安排。

从培训对象上看，分为管理人员、专业人员及辅助人员培训三种。对档案馆管理人员，一般以提高理论水平，掌握档案学及档案馆学理论、方法、技术的发展动态以及提高解决实际问题的综合能力为主要内容；对档案馆专业人员，则是进行适应性训练，以使其胜任本岗位工作；对辅助人员，则是提高实际工作能力，强化劳动纪律。

从形式上，可分为：

1. 业务培训班

业务培训班是普及档案馆业务知识的学习班，是全员培训的一种主要方式。培训班不受时间地点限制，培训内容灵活而结合实际，能在短时间内使学员掌握档案业务理论和工作方法，是常见的档案人员培训方式。凡缺乏专业知识的档案馆人员都可以参加。

2. 业务讲座

一般按专题组织。根据档案馆工作实际，将某一专题的理论与实践两个方面结合起来进行深入浅出的讲解，具有较强的针对性和普及性。

3. 业务报告

有针对某一业务问题，尤其是带有普遍性的疑难问题的专题报告，也有评述介绍某一学术研究课题的研究成果的学术报告，它有助于档案人员对某一具体业务或学术问题的了解。

4. 业务理论研讨班

这是针对某一专题或某一研究方向而组织的较高层次的培训方式。参加学员是具有一定研究能力的业务骨干。定期或不定期举办专题业务理论研讨班，使业务骨干互相交流，沟通信息，共同研讨，有助于推动档案科研活动深入开展。业务理论研讨班是提高档案人员理论水平和业务能力的一种有效方式，一般要求写出研讨报告或研究论文。

5. 在职进修

选送在职档案馆人员到有关高校和档案馆进修档案基础知识，或深造某一专题理论和操作技术，以提高业务能力。

6. 岗位培训

是按照档案馆所设不同岗位的任职要求，针对在职档案馆人员的不同年龄及不同文化程度所进行的定向培训活动，目的是提高现有岗位档案馆人员的实际任职能力。对工作人员进行继续教育和在职培训，是保证工作人员具有良好素质的战略措施。每一位具有远见的档案馆领导都应重视这一工作,并在工作安排、学习时间、学习经费、福利待遇等方面给予继续受教育的工作人员以方便,为他们的学习创造有利条件。

第八章 档案编研的创新

第一节 从供给侧视角谈档案编研

经济社会领域存在"供给跟不上需求"的突出矛盾，明确提出在适度扩大总需求的同时，着力推进供给侧结构性改革，以需求引领供给侧结构性优化，满足人民群众对美好生活的向往。这一重要论断不仅是经济社会改革的重要指导思想，而且对档案工作健康发展同样具有重要指导意义，为档案编研工作改革提供了崭新思路。如何围绕服务与需求，满足社会和人民群众多层次、多样化需要，加快档案的开发编研，增加编研产品的有效供给，促进档案资源供给与需求的平衡，实现编研工作的新突破和新发展，这是摆在档案工作面前急需解决的问题。

一、档案编研工作供给侧结构的现状

档案编研是指档案人员按照一定的主题，通过对原始档案信息进行收集、筛选、研究、加工，形成编研成果，是对原始档案信息的提炼和升华，是档案部门开发利用档案信息主动为社会服务的重要方式。目前档案编研工作普遍存在供需结构性失衡，供给不充分，不平衡等问题，主要表现在以下几方面：

（一）从供给理念上看，服务意识不到位

改革开放前，我国档案基本不对外开放，主要用于内部查阅。在相当多的人眼里，档案馆是一个神秘的官方机构，档案很大程度上是为单位服务多，为一般公众服务少，而且供内部使用多，向社会开放利用少。在整个利用过程中档案工作者处于一种防和守的被动地位，担心泄密，害怕丢失，是一种"守株待兔"式的等候提供。这种重收藏轻开发、重保管轻利用的观念严重制约着档案的编研与使用。档案部门形成了一种传统，认为编研工作可有可无，缺乏长远规划，甚至没有列入工作计划，更谈不上资金投入条件改善，编研的主要任务仅满足于完成上级指标，基本停留在低

端汇编上。如文件汇编、大事记等，选题封闭，体裁单一，深层次、个性化、多元化的编研成果少之又少，不是主动提供有效供给，而是有意抑制社会需求。

（二）从供给内容看，编研成果质量不高

档案编研包括编辑和研究两部分，只有遵循存真求实、编研实用的原则，以编促研，以研带编，以编推用，才能高度优化显示信息，深入挖掘潜在信息，以此提高编研质量和水平。然而，由于观念落后、人员素质偏低等，档案工作的重心集中在整理立卷和收藏保管上，只是因为达标升级及迎接各类检查评估时，才临时抱佛脚，完成硬性任务，编写上级明确规定的、要检查的材料，完全是为编而编，编而不研，编而不用，编完了检查完了就束之高阁，导致编研成果数量不多、质量不高、实用性不强、利用率低下，缺乏深度、广度和高度，无法体现不同单位、不同部门的行业特色和专业特色，而且编研成果的科学性、时效性、针对性等特征都难以体现。

（三）从供给方式看，编研载体、服务模式单一

传统的档案编研工作主要集中在对馆藏资源按照特定的选题进行收集遴选、发掘加工、编纂出版，编研成果基本都是纸质承载物或者橱窗等宣传栏，利用者需自行上门阅览，往往手续烦琐，还要受对外开放时间、场地、设备等的制约，服务模式单一落后，限制了档案信息价值的即时发挥。到互联网时代，人们已习惯于跨越时空，随时随地搜索、浏览信息，信息资源的开发、利用、传播、共享应以数字资源为主，编研工作应逐步从有形实体向虚拟网络转变，编研成果以磁质、光盘、多媒体、网络等载体呈现。这些新型载体可以凭借网络优势，在极短时间里、极广范围内传播数字信息，利用者可以免去往返奔波劳顿，冲出时间和空间的牢笼，足不出户就能"百度"到所需，从而实现档案信息资源共享最大化。

（四）从供给保障看，编研人员素质偏低

档案管理部门受传统利用模式影响，机构设置落后，不少单位没有配备专业人员从事开发和编研工作，往往是在配合某项重要活动时，才启动专项编研工作，临时安排人员突击完成编研任务，编研工作和人员都具有临时性特点。一方面这些犹如过客的人员往往身兼多职，身处多岗，专业性不强、业务不精，缺乏对档案信息进行深层次研究和持续开发的能力，编研产品很难满足社会多元化和系统化需求。另一方面，对计算机、多媒体以及数码影像等新技术的熟悉度不够、应用程度不高，缺乏将档案信息制作成图文并茂、可读性强、适合新媒体传输利用的能力，影响了档案信息即时、广泛传播。

二、档案编研工作供给侧改革途径

档案编研工作的供给侧改革即立足开发利用,从编研产品的有效供给入手,以满足不同需要为目标,以网络新技术为手段,更新工作理念,拓宽工作领域,创新工作方法,创建编研品牌,打造编研精品,做到为现实利用者提供更多优质、高效的编研产品,为潜在利用者开拓新领域、新产品,真正承担起资政襄政、传播文化、繁荣科研、发展经济、宣传教育的历史重任。当前可以着力抓好以下工作:

(一)树立大服务意识,创新编研理念,加快供给侧改革步伐

首先,更新编研观念。档案编研是档案工作的重要组成部分,编研成果是档案工作者集体智慧的结晶,为档案工作起着锦上添花、画龙点睛的作用,不是可有可无、想做则有、不想做则无的。必须做好战略规划,做好顶层设计,将编研工作纳入年度计划,与收集整理等工作同部署、同落实、同检查、同考核,用制度来保证和推进编研工作有序进行、持续开展,通过制度引领编研工作健康发展,补齐档案公共服务短板。

其次,树立大服务意识。围绕中心、服务大局、满足需要是档案编研的根本宗旨。随着经济社会的快速发展和人民生活水平不断提高,人们档案意识不断增强,对档案的需求领域不断扩展、需求层次不断提升、需求方式不断升级,不仅需要档案自然产品,还需要加工后的档案衍生产品。如:近年来出国深造的人数逐年增多,学籍卡、成绩单、录取名册等利用率直线上升。这些材料分布在不同类别不同案卷中,处于碎片化的、离散的状态,查阅起来往往工作效率不高,服务结果满足不了利用者的需求。编研工作者必须转变传统的"末位"观念,树立先行意识,主动作为,让沉睡的档案醒过来,让醒过来的档案站起来,让站起来的档案走出去,把档案库变成思想库、智慧库;增强工作的敏锐性,以贴近社会、服务公众为出发点和落脚点去捕捉社会热点、焦点和难点,才能编出更多更好更出彩的益智、益心、益德、益生的文化精品和拳头产品,让会说话的档案再现历史、佐证历史、说明历史,使历史不断,记忆不散。最后,在满足社会各界获得感的同时,做到既保护档案原件,有效化解利用与保护之间的矛盾,又赢得社会公众的信任度和美誉度,不断提高档案工作服务经济社会,服务广大人民群众的参与度与贡献度。

(二)树立大档案意识,强化编研质量,丰富供给侧内容

提高编研质量,丰富编研种类,要始终贯穿三个意识。一是大档案意识。坚持

创造性转化、创新性发展，从档案里找线索，开发档案文化产品，举办陈列展、档案史料汇编、拍摄档案专题片等，让事件回放，故事重演，将死档案变成活教材、活素材、活参谋和活依据，传播正能量。二是需求意识。对不同群体的需求进行调查、分析、研判，既要贴近中心工作，为经济社会发展提供文献支撑；又要立足市场，系统、深度、精准地挖掘、传承、弘扬档案文化中蕴含的思想观念、人文精神、道德规范，满足多样性需要。三是精品意识。倡导讲品位、讲格调、讲责任，坚持思想精深、艺术精湛、制作精良相统一，抵制低俗、庸俗、媚俗，不断推出知识含量和科技含量俱有的精品力作。

创新编研主体是提高编研质量的有效途径之一。要努力改变封闭、被动、关起门来独立搞编研的模式，运用协同共享思维，营造与社会共商、共编、共建、共享档案信息的格局。根据编研工作的深度和广度，适时推向社会，推向市场。打破条条框框，突破地域、馆际界限，实行行业或跨行业联合方式进行编研。这样不仅能解决单个档案馆馆藏信息不够全面、系统及资金短缺、场地不足等问题，还能集百家所长，形成百花齐放、百家争鸣的档案文化繁荣景象，激发档案文化创造力，增强编研成果的社会效应。如：深圳市档案馆广泛与社会各界合作，先后编撰了《明清两朝深圳档案文献演绎》《民国时期深圳档案文献演绎》等系列丛书，这些史料书籍深受社会各界的欢迎，赢得了较高赞誉，在发挥档案的公共服务功能方面做出了榜样，有效地彰显和提高了档案编研工作的社会地位和影响。

（三）树立大开放意识，构建"互联网+"档案平台，拓展供给渠道

随着现代信息技术的快速发展，档案利用者的公共性在虚拟世界得到很大扩展，从馆查用户向网络用户辐射，也就是说档案编研信息服务对象不再局限于来馆利用者、本地利用者、本国利用者，而是以"互联网+"的形式扩展到全球用户。利用方式从实体查阅逐步向在线查阅和离线查阅倾斜，首先要做好档案编研数字化工作，构建网络编研平台，使编研成果展示和利用手段愈加多样化。一则，依靠网络实现档案信息资源的研究、编辑、传播和反馈的全过程，建立数据库，形成新的编研成果，确保增量成果电子化。二则，将已有的编研成果按利用频率高低分期分批进行扫描、录入等方式转化为数字信息，实现存量产品数字化。

其次，要完善档案利用体系，做好网站和新媒体建设，使之成为公众及时准确地利用档案信息的重要平台。目前要突出抓好三大功能建设：一是编研信息发布功能，促进档案信息有效供给。在保证档案利用安全的同时，将编研信息及时上网发布，对现实利用者实现精准推荐，对潜在利用者进行有效宣传，促进信息消费观和消费

方式变革。二是交流与沟通的互动功能，做好信息反馈工作。设置互动平台，疏通档案信息需求表达渠道，形成供给与需求的良性循环，防止信息服务供给与需求的错位和失衡。三是查阅利用功能，优化编研信息供给方式。克服传统利用模式的弊端和障碍，积极开发档案门户网站、微信公众号、微博、App等新媒体，构建"一站式"服务。最后，要简化利用程序，注意界面布局合理，让利用者查找信息便捷快速，方便使用、下载打印，提高用户对查阅利用服务的满意度。

（四）树立大素质意识，打造专业队伍，为供给侧提供人才支撑

档案编研工作是一项复杂的脑力劳动，具有较强的专业性。编研成果的质量好坏、高低直接由编研人员的职业素养和专业能力决定，高素质的人才队伍是提高编研水平的基础和核心，是推动编研工作持续向前发展的深层次动力。档案部门必须重视编研人才队伍建设，以进一步打造档案业务知识和科学文化知识兼备，且能够适应档案管理现代化和信息化要求的创新型编研人才队伍，更好地为编研工作供给侧改革提供足够的人才支撑。

做好这项工作尤其要注意以下环节：一是选人用人环节。选好队伍是做好编研工作的基础，要选用政治过硬、责任过硬、能力过硬、专业对口、有较强的文字功底和科研能力、有强烈的事业心和开拓进取精神的干部从事编研工作，在性别、年龄方面形成合理的梯队结构，使之充满生机和活力。二是继续教育培训环节。目前知识更新加速，新技术、新手段层出不穷，加强培训是提高编研水平的重要手段，要定期进行专业培训和轮训，从而充实和改善人才队伍的知识储备。让他们进行档案专业知识及相关业务知识的再教育，拓宽知识领域，增强信息开发能力。学习现代化管理技能、新媒体技术，如：数字化技术、信息存储技术、网络通信技术等，使多种操作技能与专业知识相得益彰，更好更快地适应"互联网+"档案的新业态、新变化。三是充分发挥人才作用环节。要充分发挥人才作用，保持人才队伍的稳定，使广大专业人才热爱编研工作，专心编研工作，以优质专业的服务为职业荣誉和职业理想。一支高素质且稳定的人才队伍是做好编研工作的坚强后盾，能使档案编研开发工作达到事半功倍的效果。

档案编研工作以其开发档案信息的主动性、提供信息的集中性、系统性、科学性和实用性等突出优势，成为档案工作、档案馆、档案人主动参与和提供公共服务的重要方法和手段。编研工作者要从供给侧入手和发力，以需求为导向，积极推进编研供给侧结构性改革，在满足社会需求，为人民群众美好生活提供服务的同时，进一步推动社会主义文化繁荣，展现档案文化的独特魅力和时代风采。

第二节　文化建设背景下档案编研

文化是国家民族发展的不竭动力，文化事业的繁荣发展将极大地提升国家软实力。档案是优秀文化传承的有效载体，而档案编研工作是深入挖掘文化内涵、传承文化的重要工作。在国家加强文化建设、倡导文化自信的背景下，探究档案编研工作的有效路径是适应新形势发展，推动档案文化事业发展的必然要求。

一、文化视角下档案编研工作的研究现状

政府工作报告中提出"要弘扬中华优秀传统文化，继承革命文化，发展社会主义先进文化""繁荣文艺创作，发展新闻出版、广播影视、档案等事业"。可以看出，档案事业在推动国家文化事业发展上发挥着重要作用，为适应文化强国的建设需要，要切实加强档案编研工作，编纂出版一批优秀档案文化产品，实现优秀传统文化、革命文化和社会主义先进文化的传承与发展。

国内学者已经意识到档案编研工作对于文化建设的重要性，并对此进行了一定的探究，但从整体上分析，研究成果相对较少，成果均以问题为导向，遵循"问题—对策"的研究思路，能够为后来者的研究提供借鉴。本节笔者拟在厘清文化建设与档案编研关系的基础上，分析当前档案编研存在的问题，并结合文化建设的背景，从编研选题、编研主体、成果形式及成果共享等方面探究档案编研工作的新思路。

二、文化建设与档案编研工作的关系分析

从字面意义分析，文化建设与档案编研联系程度不够紧密，但深入分析两者的内涵，可以发现，两者是相辅相成、相互依托的，具体体现为两点：

（一）文化建设为档案编研工作的开展提供了契机

政府工作报告中明确提出"推动中华优秀传统文化创造性转化，创新性发展，继承革命文化，发展社会主义先进文化""加强文物保护利用和文化遗产保护传承"。国家层面高度重视文化建设，关注优秀文化的传承与发展。当前，社会公众的档案意识薄弱，借助国家推动文化建设的契机，编辑出版一系列文化类档案作品，一方面是响应国家号召的重要举措，另一方面也能在很大程度上推动档案事业的发展，可以极大地提升档案的社会影响力。

（二）档案编研工作为文化的传承发展提供了载体

文化是一个抽象概念，其传承与发展需要以物质为载体，档案本身就是文化发展的一个有效载体。而档案编研是以档案原始内容为依据，对档案资源进行加工后，以多种形式呈现文化内涵的工作。传统上，档案编研成果一般以纸质出版物为主，受众有限，但在"互联网+"时代，档案编研成果呈现出多元化的发展特点，如纸质出版物、视频音频文件、网络作品等。此外得益于自媒体的发展，档案编研的受众范围得到了极大的扩展。多元化的编研载体加上扩大化的受众面积，能够有效地推动文化建设进程。档案编研，通过对中华优秀传统文化、革命文化、先进文化的深入挖掘，能够帮助公众加深对各类文化的理解，增强文化认同，引导党员群众坚定"四个自信"，积极投身新时代的伟大实践。

三、档案编研工作存在的问题分析

在国家大力倡导文化建设的背景下，档案编研工作面临新的机遇与挑战，当前档案编研工作已经取得了一定的成果。但从其服务文化建设、推动文化传承与发展方面看，仍有需要提升的空间，具体而言，体现为以下几个方面：第一，编研形式有待进一步丰富，丰富档案编研形式是提升公众关注度，扩大编研作品受众面的有效手段。从现有的编研成果形式来看，成果形式不够丰富。第二，编研程度有待进一步深化，编研成果可以分为一次文献、二次文献和三次文献。当前编研成果以一次文献为主，二次、三次文献较为少见，编研工作中存在只"编"不"研"的问题。第三，编研队伍有待进一步完善，组建学缘结构合理、团结协作的编研团队是编研工作能否有效开展的重要保障，当前的档案编研队伍存在编研主体意识相对薄弱，编研主体相对单一，编研主体文化背景相对欠缺等问题。进而导致在文化产品的编研开发时缺乏有力的背景支撑。第四，编研成果有待进一步推广，进入"互联网+"时代，信息传播速率得到了有效提升，但是由于公众档案意识薄弱，宣传渠道不畅通，资金投入不充足等问题，档案编研成果的宣传力度仍比较弱，成果的影响范围和社会反响不大。

四、文化建设视角下档案编研工作的新思路

（一）拓展编研选题

选题是做好编研工作的第一步，在整个编研工作中占据重要地位，为推动文化

建设，实现文化自信，编研选题可以考虑两个因素：

1. 以重要历史节点为依托

历史节点是总结过去、展望未来的契机，档案机构围绕重要历史节点开展档案编研选题，能更好地引起公众的关注与共鸣。譬如：2015年是纪念反法西斯战争胜利70周年的重要节点，国家档案局就联合俄罗斯联邦档案署开展《中苏联合抗击法西斯胜利70周年档案展》。又如：江苏省档案馆和徐州市档案馆联合公布馆藏抗战档案史料，并编辑出版《中华抗战期刊丛编》大型档案文献。以重要历史节点为依托开展档案编研选题，既符合国家、公众的需求，又能挖掘档案内含价值，达到双赢。2018年是改革开放40周年，中国网就联合国家档案局、中央档案馆开展"让历史告诉未来——改革开放四十年档案影像征集"活动，回顾改革开放以来的历史变迁。

2. 以地方文化特色为基础

因历史发展、区域经济发展的差异，各地区的文化均具有其特色，各地区档案机构应结合区域文化特色开展档案编研工作，选题以地方特色文化为基础，凸显个性。以湖南省档案局为例，在档案局官网上开设网上展厅模块，通过图片+文字的形式将湖南优秀文化、优秀人物进行展览，如《湘魂——湖湘人杰与近现代中国》展览，通过350余幅照片与图表，对170余人的业绩进行展示，再现了湖南优秀人物的优秀事迹，使湖湘文化精神内涵得以发扬传承。此外《江永女书文化展》这一成果是在前期的调查、研究与征集的基础上，举行主题展览，旨在向世人展示女书深厚的文化内涵和独特的人文魅力。

（二）丰富编研形式

前文提到，当前档案编研形式以纸质文献出版物为主，较为单一，并非对这一形式的否定，受传统思想、阅读习惯及经费限制的影响，纸质类出版物仍然是档案编研成果的主力军。随着国家对档案重视与投入的加大，加之编研成本的逐步降低，档案编研的形式将进一步丰富。为更好地迎合大众的需求，有部分机构推出了电视专题栏目，如央视推出的《国宝档案》、北京卫视的记事栏目《档案》等，通过后期的加工制作，以观众喜闻乐见的方式将静态的纸质档案资源"活态化"，能更好地引起观众的共鸣，此外电视栏目的受众范围广，极大地提升了档案编研成果的影响力。笔者认为档案机构可以以原始档案资源为题材，开发出品文化类电视剧，但此类成果制作成本高，且受众范围相对较小，需要充足的经费支持，因此可以考虑联合多个部门开展，积极引进外部资金。

（三）优化队伍结构

1. 提升编研主体的综合素养

提升编研主体的综合素养，一是指专业素养，可以通过专家讲座，实地学习考察，专题培训特别是针对档案编研工作等方式来逐步提升档案从业者的专业素养。同时档案机构可以通过精神或物质奖励促进档案工作者加强研究，改变当前研究意识淡薄的局面。二是文化素养，档案文化作品的编研必然要求编研主体具有较深的文化内涵，编研主体要培养自身的研究精神，提升文化品位，深入挖掘档案承载的文化内涵。

2. 推动各类机构的通力合作

单一的编研主体难以满足当前的编研需求，因此推动各类机构的通力合作是解决上述问题的有效途径。"互联网+"时代，资源共享程度得以大大提升，为各级各类机构的合作提供了条件。当前，可以考虑三类合作方式来充实档案编研队伍：一是各级各类档案机构间的合作，同一系统内部合作，对编研的主题选择、材料征集、作品结构及业务流程等能够更好地形成共识；二是各类文化机构的合作，博物馆、图书馆、校史馆及民间文化组织等均保存有丰富的文化馆藏，且不同机构的参与人员能激发更多的灵感；三是开展国际化合作，与世界各国开展合作将成为今后的发展趋势。

（四）推广编研成果

档案编研成果社会反响较小，其主要原因是推广程度不够，要扩大其影响范围，增强社会公众档案意识，还需对编研成果进行大力推广。目前，编研成果的推广方式有以下几种：一是通过网络宣传。各级各类档案机构均建有专题网站，可以依托网络平台对编研成果进行宣传推广，推广成本较低，且受众面相对较广，在档案工作经费有限的情况下，是一种比较合适的方式。二是通过微博、微信、App等自媒体宣传。上述三种方式是受众面积最广、使用频率最高的传播方式，且互动性较强能进行即时交流。已有档案机构通过此种方式传播编研成果，如天津市档案馆微信公众号推出的"天津抗日群英谱展播"，展示了我国民众顽强抗日的英雄事迹。三是通过展览宣传。编研展览也是一种比较直观的推广方式，公众可以近距离接触档案史实，可以通过联合各类文化机构开展档案展览，将相关编研成果进行集体展示，使公众全方位了解档案了解历史。

第三节　文化自信视角下档案编研

档案编研工作实际上是档案文化构建的核心构成部分，也是档案文化构建可否充分适应社会发展的强力保障。将档案提高到文化层面，能够分享档案的凝聚力以及生命力，档案文化创建必须要在已有的基础之上，在文化自信发展的情况下，达到较高的社会文化价值与理想价值，而这些均需要依托档案编研工作转型发展才能实现。

一、文化自信对档案编研工作的必要性

文化自信乃国家与民族进步的灵魂，是国家和民族与政党对文化价值的肯定，对文化生命力的信念。在文化自信发展的情况下，档案编研工作可以正常进行，主要是依靠新的形势与优质的条件，因此文化自信对档案编研工作有着其他工作无法比拟的作用与地位，同时还给编研工作带来了一定的发展契机。比如，文化自信促使档案编研工作具有前瞻性、创新性以及适用性。众所周知，人从根源上乃文化的存在物，国家文化自信是该民族成员认识与应对外来事物关系，达到其作为文化存在物与创造文化的基因，所以具备一定的传承性。

（一）为民族复兴提供动力

现下社会，不管是共识凝聚还是思想引导，均在于文化引领与凝聚。文化自信可以变成实现民族复兴的中国梦的坚实力量与强大支撑。站在宽广的土地上，吮吸着民族奋斗累积的文化养分，在促使中华民族复兴的过程中，档案工作人员需要承担全新的档案编研工作开发运用的文化使命，从文化和国家的命运密切相连的角度认识文化，坚持文化自信，在新形势下的档案编研中推动文化进步与发展，给振兴中华提供精神驱动力。

（二）文化自信内涵丰富

文化自信从远古时期就有了，倘若不存在对这部分档案文化价值的肯定，不具备基础的文化自信，就无法开发出令人震撼的有情义的产品。只有充满文化自信，才可以在档案编研之中从容淡定，奋发向上，开发出创新的成果。如果不具备一定的文化自信，就不存在文化的繁荣兴盛，也就不存在民族复兴。文化自信来自古成

于今，不但根植在民族文化土壤中，同时也在传统文化历史积累中，来源于现下中国特色社会主义快速发展，来源于中国梦。因此文化自信可以去粗取精，促使档案编研工作合理开发使用。

二、文化自信视角下档案编研工作现状

（一）档案编研深度和广度缺乏

档案编研成果无论是在深度、高度与广度上均相差很大的距离，有着编制与研究相互脱节的问题，仅仅是为编制而编制，没有从深度方面来考虑，或者只是为了应对达标与优化升级，做做表面功夫，或者局限在通用的编研上，未能对档案资源展开再一次加工，也并未从提供利用方面着手，多形式开发利用。

（二）编研团队不够和宣传不到位

很多档案编研工作人员并不是专业人员，其专业素质有待提升，创新思路不足，尤其是人员流动性较大，频繁换岗，导致原本就很弱的行业更无法充分适应新时代发展需要。除此以外，因为受档案长时间封闭性与保密性的影响，档案编研人员已经习惯档案封闭式管理的模式与方法，尽管编研出了比较好的成果，可是由于宣传不到位，档案编研成果得到的社会反响非常小。

（三）档案编研形式与内容不丰富

在编研形式上使用计算机与数字影像技术等信息化技术程度不足，很多档案编研成果均拘泥于文字编研上，较少有图文并茂的成果出现。在内容方面，由于档案编研人员服务意识缺乏，对于档案编研成果不具备综合性，编研过程中仅仅对名人与大型活动等档案展开编研，忽视了其他档案编研，导致编研形式及内容都很单一，不具备多元化与趣味性。

三、文化自信视角下档案编研工作分析和探索

在文化自信视角下，档案编研表现出了多种特征，比如文化性与综合性、社会性与效益性等。文化性就是档案编研工作的社会文化功能，是档案文化的构建与创作，表现出了档案的文化含义及品位；综合性就是档案编研工作内容丰富且传播多元化；社会性就是进行档案编研工作的过程中，需要共建共享，将成果与社会互融，充分满足社会需求；适用性就是档案编研工作不仅应与时代需要相符，同时还需要

创造出有价值的产品；效益性就是档案编研工作不仅需要讲究成本，而且还应提升经济效益。这部分特征促使档案编研工作转型，由以往被动的服务转变成了主动服务，封闭式管理变成了联合管理，不追求效益转变成讲究经济与社会效益，档案内部转变成市场化。档案编研工作的开发充分表现了档案文化与我国民族传统，对社会文化有重要的推动作用。以下从各方面对文化自信视角下档案编研工作进行了简单的分析。

（一）效益方面

档案机构经过合作能够增强档案部门和社会各方面的联系，并且还能够让档案文化与社会文化互融，从而更加贴近社会大众，借此提高社会效益与经济效益。合作可以通过立项的方法，研究人员可以根据一定的选题来采集与查找档案资料，筛选档案资料，加工档案资料，使用对应的理论知识与世界观进行综合分析、概括、整理出事件和任务蕴藏的文化价值以及发扬人文精神，最后通过论文与研究报告等形式发表最终的研究成果。当然，档案机构可进行大量尝试，通过外包的方式推进档案编研工作快速发展。联合合作编研出的成果，需要当作最主要的档案文化内容，除了可以将社会文化丰富以外，还能够将档案编研的社会与经济效益大幅提升。

（二）资源方面

档案编研应当将馆藏作为基本，然后对资源进一步开发。以当前数字档案资源而言，很多是由卷与件为单元储存的。就文书档案而言，可以查的内容通常为题名与主题词等著录信息，隐匿于档案背后的文件构成的背景与写作者、文件内涵与文化价值等均无人发现。所以，应当对馆藏档案进行全面研究，着重发现档案后面隐匿的内涵与联系，寻找历史脉络、弘扬中华民族优秀的传统文化，将单一化的档案管理变成文化载体管理，将档案管理部门变成研究机构，挖掘出档案承载的文化价值。除此以外，在文化自信视角下，需要进一步挖掘社会信息资源，给档案编研工作提供相应的素材，不仅可以减少成本投入，还可以有效整理社会信息资源，将馆藏资源丰富化，推进社会文化发展。

（三）创新方面

只有顺应了社会潮流，才可以得到一定的发展机遇。档案机构只有持续创新方式与制度、理念与模式，才可以让档案事业构成全新的机制，才可以让档案编研工作充分适应文化自信发展的需要。由于所有创新都是由人思考出来的，所以脱离了人才说创意是毫无作用的。档案编研工作成果的好坏取决于档案团队综合素养，档案机构需要关注档案团队综合素养及优化人员结构。第一，需要创造良好的环境，使所有档案工作人员均可以发挥出创造性与主动性；第二，需要构建复合型人才团队，档案编研人员在熟练掌握基础信息技术的过程中，还需朝着人文学科拓展；第三，提升档案编研人员积极主动、团结合作的精神，构建人才激励制度，让全体档案编研人员可以做到人尽其才，劳有所获。

（四）产品方面

在21世纪，人们通常将档案编研工作看成档案机构内部工作，认为该工作就是评估、考核与达标领导发布的任务之一。在文化视角下，需要从新的角度来思考问题，档案编研工作可以看作是文化产品，编研过程可以看作项目管理，成果可以看作特殊文化产品。档案文化产品，是按照社会消费群体的需要，将档案作为主要元素创造的文化产品。档案文化产品涵盖了主体与对象、方法与编研、成果等，就是说档案机构按照市场需要，将馆藏资源作为主要的研究对象，通过合作与独立的方法等展开档案编研工作。接着把档案编研成果进行艺术加工，生产出具备档案元素的各种实体，使用先进技术与新媒体展开推广与营销的过程。存在特色文化就存在特色档案，特色档案能够生产出有特色的产品。所以，每一个档案部门都应当进一步挖掘特色资源，生产出有特色的品牌产品，从而满足社会消费群体需求，才能促进档案编研工作顺利进行。

以上所言，在文化自信视角下，档案编研工作应当将馆藏作为基础，将满足大众需求作为着手点，将独立、协作与授权作为档案编研方法，使档案编研出多种社会大众想要的成果。接着生产出具备档案元素的文化产品，将档案编研效益提升，紧跟时代发展的步伐，得到一定的发展机遇。

第四节　传播学视角下档案编研

目前我国档案编研遇到瓶颈，发展不顺，档案编研的效果不高有很多因素影响，从自身来说，编研的作品质量不高，编研工作者的自身素质不高，文化水平低，没有接受过正规的教育，编研工作者的知识背景不同等因素都能导致我国编研产品效果差。但从目前来看，编研效果差的主要原因是：编研工作具有封闭性，工作内容和社会发展联系不大，工作内容与社会的需求不符，档案的编研作品传播率低。为了提高编研作品的利用率和增加利用效果，就要从编研作品的传播功能入手，深入研究档案编研工作，规范档案编研的工作，使档案信息快速地融入社会当中，增强社会信息的流动性。

一、档案编研工作的性质是传播性

传播学的意义在于传播，档案是一种记载方式，记载历史的发展进程，还是一种社会文化，反映社会的现状，档案中的信息在得到充分的利用后，有效的传播才能更好地实现价值。档案具有传播文化和传播知识的功能，但是也具有历史性，档案信息分散，不能更好发挥档案信息功能。为了档案中的信息能传播得更远，延长档案信息的寿命，由此产生了档案编研工作，档案编研的一个基本功能就是传播功能。也可以说传播性是档案编研工作的一个基本性质。档案编研的性质目前有很多说法，但是在大体上是相同的，也有一些不同的描述，如：政治性、服务性、研究性等是从不同的角度阐述档案编研的性质，无论从哪一个角度都具有一定的合理性，尽管如此，档案编研还是不能被大众接受。由此可见，当档案的编研作品成功传播的时候，档案编研的其他性质才能发挥更好的作用。传播性是档案编研工作的基本性质，这是从档案编研工作的目的和档案编研工作的行为下的定论。从档案目的上看，档案编研工作的产品主要是档案文献出版物，这些文献出版物都是客观材料，编研工作在客观材料的基础上传播客观的信息，在传播前期做好准备工作，包括选择材料、选择题材、订装、注释、校对、排版等一系列工作，向大众传播客观可靠的档案信息，并且能代代相传。从档案编研工作的行为来看，档案编研工作无论是公布文献信息还是在出版发行上，都是提供档案信息的行为，也可以说是传播信息的行为，档案编研工作就是一个档案信息传播的工作。尽管档案编研工作是档案信息传播工作的重要组成部分，但是，档案编研工作和一般的档案利用服务工作不同，与发表政治观点以及学术观念的一般著作也不同，它以不同的形式加工档案文献。

二、档案编研工作应坚持传播性原则

档案编研工作的客观性质，决定了我们从事这项工作主观上必须遵循的基本原则：坚持科学性与传播性相统一的原则。坚持科学性，是为了确保档案编研产品的可据性，即档案文献与文字内容的真实性、准确性和完整性。在档案编研工作中坚持科学性的原则，就是在解放思想、实事求是的基础上，忠于原文以存真，即保护维护档案信息内容的历史真实性，忠于档案文献的原文原意，不可妄自增删改易。

（一）档案编研工作应以受众为本位

档案编研不是随意进行，要遵循两个原则：一个是科学性原则，另一个是传播性原则，传播性原则的一个方面就体现在以受众为本位。事实上，档案编研界早就认识到了传播的重要性，但遗憾的是，档案编研界并没有把社会的需求提高到应有的位置。是否满足社会需求对档案编研工作的成败具有决定性的作用。档案编研产品是否符合受众的需求，直接关系到档案编研产品的社会效益、经济效益和档案编研工作的成败。只有从受众的角度出发，才能使档案编研产品成为受众喜闻乐见、喜欢保存并愿意传播的精神食粮，才是保障档案信息世代流传的最佳传播方式。

（二）档案编研工作应降低传播环境中的"噪声"分贝

为了拓宽档案信息的传播空间，为了提高档案信息传播速度和时效性，为了达到档案编研产品的传播要求，档案编研工作不仅要以受众为首位，而且要致力于对传播"噪音"的清理工作，要降低档案信息传播环境中的"噪声"分贝。这是传播原则的第二个方面。为了降低档案信息传播环境中的"噪声"分贝，要坚持对档案文献的合理阐释，无论是史学研究还是档案编研，其目的不仅在于维护历史的真实面貌，档案是特定历史条件下的产物，它的语言文字，它记录的专业知识和典章名物，很多与后世的读者或与这种环境很少接触的读者有着距离，对档案编研原材料进行合理阐释以清除档案文献在浏览、阅读、利用方面的障碍非常有必要。

为了提高档案编研产品传播的速度，提高它的时效性和针对性，降低档案信息传播环境中的"噪声"分贝，我们所要做的是：加快档案编研产品的审批速度，使审批程序制度化和明确化，从而加快档案编研产品的传播速度，提高其时效性。不仅要了解档案保密与开放的范围与时限，而且要档案机关明晰公布档案的范围，对已解密的档案要定期鉴定，以提高档案编研工作审批过程中的透明度、厘清档案编研产品传播过程中的法律关系，明晰档案信息的公布权限与公布范围，防止发生侵权行为和违法行为对档案编研产品的传播造成麻烦。

第九章 档案数字化管理

第一节 档案数字化管理的优势与弊端

信息化技术快速发展，已经进入人们的日常生活中，这对人类的进步具有非常大的促进作用。但随着信息技术的发展，人们的工作模式也在逐渐发生转变，传统的档案管理模式已经不能适应当前社会的进步，档案的数字化管理逐渐成为我国经济发展的重要促进因素，对我国的经济发展起到了巨大的促进作用。档案数字化管理是一种新颖的管理模式，它主要是依托于信息技术而存在的，能够在很大程度上提升档案管理效率，优化档案管理质量。但档案数字化管理的历程相对比较短，在实践应用过程中仍存在着诸多不足。为此，全面提高档案管理成效，需要科学、全面分析它的利与弊，以便有针对性地予以解决和优化。

一、档案数字化管理的优势

档案是一种非常重要的资源，实现档案的科学利用与开发，才能够发挥档案管理的综合性作用，也能够在很大程度上推动企业的健康可持续发展。在信息技术全面快速发展的今天，依靠于完善系统的计算机技术，档案管理的方式实现了较大的飞跃，档案数字化管理的趋势也越发明显。档案数字化管理具有非常明显的优势，具体表现在以下方面：

（一）促进各部门信息高度整合

在传统档案管理中，主要采用纸质档案的管理方式，这在很大程度上影响着档案管理的整体水平，尤其是相对割裂的档案管理模式，无法实现档案信息的高度集中。比如在传统档案管理中，各部门在进行档案信息的收集、汇总等过程中，往往具有一定的部门属性，使得各个部门之间缺乏有效的互通，个别类档案内容陈旧不堪。如企业的人事档案，往往只停留在最初的入职阶段，并没有根据人员晋升、发展等增加相应的内容。在档案数字化管理时代，依托于完善的信息技术手段，通过搭建档案管理网络系统，可以将各部门的信息进行高度统一的整合，便于对档案信息的集中利用。同时，采用数字化管理模式之后，所有的档案由对应部门的相关人员将其录入到网络系统中，然后由档案管理人员对其进行统一管理，这种模式使得档案管理工作更加有序，且保证了档案收录的整齐性原则。

（二）档案管理不受时空的限制

档案是一种非常重要的资源，实现对档案信息的利用，能够有效地促进企业的发展。传统的档案管理，可以形象总结为"办公室管理"。这种纸质档案管理过程，主要是在上班时间进行，一旦下班，档案管理就结束了，这就使得档案管理具有非常强的时效性。在信息技术全面发展的今天，依托于计算机平台，档案管理的整体效率得到了全面提升和优化。在数字化时代，档案管理人员可以通过计算机 PC 端、移动客户端等来进行精确的管理，使这种管理没有了时间和地点的限制。工作人员能够通过网络获得档案内容，然后在任何场地对档案内容进行整理。而对于企业的各个部门，其产生的大量档案资料还能够通过电子文件的形式存储在网络上，档案管理人员通过对这些资料进行收集和整理就能够实现档案的管理工作。此外，档案管理人员在任何场所都可以依托信息技术来进行科学管理，这就使得档案管理没有了空间限制。

（三）实现了档案信息的科学开发

在纸质档案管理时代，管理人员在档案管理中的主要任务就是对档案进行整理与分类，将复杂的档案材料按照一定的类别标准进行相应的分类。在进行档案使用时，也只是通过人工查询后，进行查找和利用。在应用计算机系统后，人们通过简单的档案查询来进行档案筛选，这种档案利用开发程度也不高。在信息技术全面快速发展的今天，档案数字化管理模式的科学利用，能够实现对档案信息的科学开发，在档案利用的过程中，各个部门的工作人员可以随时通过信息技术平台来进行查找与筛选，也可以随时应用档案。同时，依托于信息技术手段，无需进行档案的传递，只需要做好档案资源的共享，就可以提高其使用质量。

二、档案数字化管理的弊端

依托于信息技术来全面推进档案数字化管理，能够在很大程度上提升档案管理效率。但档案数字化管理的进程相对比较短，很多关键技术并没有得到全面应用，档案数字化管理中仍存在着较大的弊端，亟须引起人们关注和重视，只有这样才能科学全面提升档案管理的成效。

（一）档案管理存在不安全因素

由于网络环境的复杂性，电子文件利用的保密和安全工具具有一定的难度。在档案数字化管理中，信息技术是主要的载体，网络空间的交互性、开放性、多元性等特点，都容易增加档案管理的难度，也容易引发不安全因素。比如，在档案管理中，由于很多内部档案具有一定的保密性，若档案管理人员不注重安全防护，不注重识别不良访问行为或者恶意访问行为，都容易增加档案管理的风险。再比如，在档案管理中，档案使用人员没有按照严格的规范来进行操作，通过外网来访问档案管理系统，容易增加档案管理的风险，不利于档案管理的整体安全。

（二）档案管理易受载体影响

在档案管理实践中，基于档案数字化管理，能够在很大程度上提升档案管理的效率，但同时也容易受到信息技术载体的影响。比如，在档案管理中，由于网络系统存在一定的更新性，这使得很多相对"古老"的档案无法被兼容和利用，可能部分文件格式不对，无法上传与整理。再比如，档案数字化管理系统可能还存在着一定的不稳定性，一旦系统出现故障或者漏洞，不仅无法保证数据档案的安全，也可能会造成重要档案数据的丢失。与此同时，病毒侵害、数据丢失的隐患也造成了数字化管理的不稳定性，威胁到了电子档案的长期保管和安全保管。

（三）档案利用不充分不科学

在档案管理实践中，无论是传统的纸质档案管理，还是数字化档案管理，其归根结底都要实现档案的利用，只有这样才能实现档案管理的整体功能。但现阶段，虽然很多企业都建立了档案管理数据化系统，但档案利用并不充分，也不科学。一方面，档案利用不充分。虽然企业建立了数字化档案管理系统，但档案管理人员的开发意识并不强，在档案管理中仅仅依托于信息技术来进行档案数据的存储，这就使得计算机系统中的很多数据并没有得到充分利用，而是成为呆板的"数据"。另一方面，档案管理方式不科学。在档案数字化管理中，通过计算机技术可以实现档案数据的有效管理，但很多企业仍然同时使用纸质档案管理的方式，这会在很大程度上造成管理资源的浪费。

三、档案数字化管理的优化举措

在档案管理实践中,依托于信息技术手段,能够全方位优化档案管理成效,同时也能够在很大程度上提升档案管理的整体质量。鉴于档案数字化管理中存在的一定的弊端,为整体提高档案数字化管理的整体成效,应该采取以下举措:

(一)优化档案数字化管理系统建设

在信息技术全面快速发展的今天,全面优化档案数字化管理成效,综合性提升档案管理水平,应该科学构建档案数字化管理系统,这是提升档案管理质量与水平的重要保障。档案数字化管理是一项非常科学且严谨的工作,数字化管理系统也是相对比较烦琐和复杂的,为整体提升档案管理的成效,科学优化档案管理质量,需要率先优化档案数字化管理系统,以此,来综合性实现信息资源的共享。一方面,企业在档案管理实践中,应该结合自身档案管理特色,结合自身档案管理特征来构建科学系统的档案数字化管理系统,以此为基点来开展档案管理工作。企业可以自行开发档案数字化管理系统,也可以聘请专业机构来搭建档案数字化系统,但无论采用哪一种方式,都需要做好档案数字化管理系统的维护与更新,以确保各类格式文件的兼容存储。另一方面,企业在档案管理实践中,还应该寻求各个部门的配合与支持,将各个部门所有人员等纳入档案数字化系统中,为档案管理提供扎实有效的信息数据,做好关键信息或者数据的共享,从而切实提升档案管理的整体质量与成效。

(二)采用统一录入以及备份标准

在档案管理实践中,依托于信息技术来实现档案管理成效,提高档案管理质量,需要运用统一的录入标准以及备份标准,前者是信息输入的关键,后者是信息安全的保证。一方面,企业在建立档案数字化管理系统时,应该制定科学统一的录入标准,确保各类信息能够以统一规范的存储格式进入档案管理系统中,继而为档案信息的归类与整理提供重要前提。同时,在档案数字化管理系统中,为实现不同格式的档案的兼容,如视频、语音、文字等,应该按照相应的内容采用对应的格式,以此来实现档案信息的全覆盖。另一方面,企业在采用档案数字化管理系统时,还应该运用科学的备份标准。

(三)提升档案管理人员的素质

在档案管理实践中,积极应用档案数字化管理系统,发挥这一系统的关键作用,需要全面提升档案管理人员的整体素养。企业应该提高档案管理人员的入职门槛，结合企业发展需要，为企业筛选专业素养高的档案管理人员，全面提升档案管理人员的业务水平。因此企业应该优化档案管理观念，不再将档案管理部门作为"养老部门"来使用，而是将其作为影响企业发展全局的关键部门来看待。

在档案管理实践中，优化档案管理成效，提升档案管理水平，应该积极建立档案数字化管理系统，全面提高档案管理的整体质量。鉴于档案数字化管理中存在着一定的弊端，为实现整体优化与合理避免，有必要采取针对性的措施，来总体提升档案数字化管理成效。

第二节　数字化档案管理中信息通信技术的应用

信息通信技术（Information Communication Technology）简称ICT，是信息技术与通信技术相融合而形成的一个新的概念和技术。ICT广泛运用，为企业转型升级和产业发展提供了技术支持，也为现代档案事业带来机遇和挑战。ICT是全面利用现代信息化手段，对档案信息资源进行整合、处置、管理，从而更好地为社会提供服务的一种技术路径。它体现了从传统档案实体转向以档案信息为重点的工作理念，是从手工检索转化为计算机搜索的中间桥梁，是沟通本地查阅与异地调阅的推动力量，是推进档案数字化建设，构建"智慧"平台的重要渠道。面对信息通信技术迅猛的发展趋势，各单位只有不断融入并加强研发和使用，才能提高档案管理水平和工作能力。

一、档案（文档）生命周期与连续体理论

（一）文档生命周期理论及其局限性

文档生命周期已经被视为一种理论，是以提供操作纸质文档管理程序为框架和模型。该理论认为，文档不是静态的，而是有自己的生命。它的生命类似生物有机体的成长阶段与"年龄"之限。它们经历从出生（文档创建或收集），成长为青年（记录使用和维护），进入老年（转移到档案库记录），然后死亡（到期销毁）的演变。文档的生命周期包括当前使用和最终的命运，从产生到销毁的全过程。根据文档的内容和价值不同，档案会采取不同的保存期限，即寿命时间。而文档是档案的初始形式、生命之源，这是目前国内外专家注重文档管理的原因之一，即在档案的生成

阶段就把好关。紧接着，它历经创建、维护、储存、使用和处置等五个环节，形成一个完整的生命过程。同时，在不同阶段又表现出不同的作用和工作要求，因此，这是一个通过分阶段管理提升档案整体质量的过程。所以，每位档案管理者必须首先了解文档生命周期理论，才能提高自己的有效管理能力。

然而，文档生命周期描述的并非文件运动规律的全部。近年来，生命周期的概念，一直受到很多负面的评论。首先，批评者指出，销毁不一定是文档的全部归宿，有文档不"死"现象，即无限期保留，因为有持续的价值存在。其次，在"三种年龄"的生命周期阶段之间划分，极容易凭借主观判断。其实文档的生命周期不是单向的从幼变老，而是根据实际使用的需要、价值的转变，会发生逆转和反复，生命形式可能会打乱。文档好比货币，可储存，也可重复循环使用，它们会恢复活动期，使用与存档可能会多次交替。因此生命周期模型不存在重复阶段，或者人为地省略某一阶段。再者，文档生命周期概念延续和记录之间存在人为的区分，由于单位经营宗旨和文档保存文化等原因，专业视角之间档案和记录管理会发生区别。此外，生命周期概念的批评者也认为，它过于集中记录物理实体的操作任务，特别是那些纸质文档的保管。纸质文档依靠逻辑结构，与纸质的物理存储相关联，很大程度上局限于传统的管理模式，缺乏现代创新意识。

（二）连续体理论与信息通信技术的引入

文档管理早在20世纪80年代已快速引入信息通信技术（ICT），档案管理进入了一个全新的实践层面，产生了灵活辩证的生命周期模型，这种新模型的发明，被称为连续体理论。该理论认为，档案和文档管理责任之间没有严格的界限。文档有创建、修改、归档、使用等任意处理的权限，不局限于不同环节和先后顺序，也不是被动等待最终处理决定的文本。

电子环境能达到单凭理论和基于纸张的方法所无法实现的档案管理模式，使档案工作对象从静态到动态，能融会贯通，得到立体化处理。从行之有效的生命周期来看，文档和档案管理过程分明，有章有序，明确定义了文档在每个阶段的管理责任。在连续体理论中，通过记录连续模型，文档和档案总是处于被创建或编辑的状态，即文档管理被描述为交互式过程，贯穿于整个文档的寿命。

文档生命周期和连续体模型的发展是档案信息化的重要驱动力，同时档案信息技术的发展也为生命周期和连续体理论提供了先进的技术条件。两大模型的互补配合提供了一个积极合理的保存记录的结构，体现了电子文档环境安全、有效、便捷的必然趋势。它超越时间和空间，逐渐满足企业、法律、社会、文化等需求管理。

作为更先进的档案管理办法,通过现代模型构建科学组织框架,对于档案现代化与信息通信的融合发展具有重要的意义。

二、现代信息通信技术(ICT)应用现状

(一)信息技术的创建、存储、检索与数字化趋势

在信息技术与通信技术相融合环境下,电子文档的处理有着极高的要求。每一份文档可分为三个端结:文件的形成是前端,处理、鉴定、整理、编目等具体管理是中端,永久保存或到期销毁的使用是末端。无论是图案表格的绘制,还是文字的写作修订,文档处理都脱离不了计算机。在此基础上,可以利用网络技术创建电子数据库、编发电子邮件、远程检索与构建移动通信平台、管理ICT基础设施信息系统等,通过多措并举,产生更有效的利用与管理。由于不同机构保存和使用的主要数据和信息系统存在差异,信息系统(IS)集成部署系统的数据管理则更有利于实现无缝传递和信息共享,从而打破不同档案部门"信息不对称"的局面,改善"信息孤岛"现象。同时,该系统是由多个电子文档组织路线,以不同的部门和个人根据具体工作需求进行查询和使用,这种积分式工作流程有效节约了财务和人力资源方面的成本。虽然针对庞大数据,计算机系统可能会导致冗余,但它可以有效消除员工对大批量物理文档的压力。

在数字化档案管理中,试图改善信息通信能力,但关键基础设施与目标还是存在一定差距。这些差距和弱点与信息部门的推进力度有关,也与档案工作人员对新技术的运用程度有关。尤其是研发和使用过程中未能解决数字档案中的DRM数字版权管理问题,因此ICT技术的应用实则依赖于基础设施,而相对高端设施的建设尚未普及。随着互联网的发展,现代电子政务、OA系统的运用,QQ群、微信圈及电子商务建设的开展,各部门相应建立了系统办公网络平台,不仅最大限度地证明了信息和通信技术优点,而且也在不断探索与实践中,将现代信息技术的功能推向优化。

(二)有效的档案管理方式在实践中改进

在ICT的支持下,档案管理已经从基本的纸张文件的存储向众多电子、计算机的数字化管理过渡。"云计算"的引入将丰富现代文档管理模式,以其提供速度快、精准度高、查询灵活、呈现方式多样等优势,在世界范围内被迅速接受,并作为关键信息管理与沟通工具。此外,在档案管理中使用电子系统,可以节省文件存储空间,利用电子方式查询也可减少纸质文档的磨损。计算机中的档案管理,以强大的存储、

检索、访问、使用功能,增强了安全性和便捷度,也便于人档沟通和信息交流。

尽管如此,ICT 也面临一些挑战。如,由于技术的飞速变化,档案记录越来越依靠计算机及网络,增加了软硬件故障所造成的数据失真或丢失风险。而在处理文件时,人为的改写、剪切和粘贴、发送到另一端等,操作失误也会影响数据的真实性和系统的完整性。尽管如此,这些缺点并不会降低信息与通信技术在档案领域已发挥的显著作用。

三、当前信息技术环境下文档运用与服务

(一)信息通信推送技术成为服务的主功能

当前信息技术的飞速发展加强了人与人之间信息的交流,传递方式的改变,也进一步提升了档案信息服务中技术体系的应用水平。信息通信推送技术成为服务的主要功能,比如"云计算"文档存储功能与数字化对接,OA 系统、电子邮箱等文档信息传递对接,网络平台信息咨询、留言、电子政务与公文流转、网站信息查询、文件下载、转移链接、用户对话等推送与互动功能。

网络信息沟通工具具有集成化和开放性等特点。为了提供高速、快捷,不受地理、时空限制的服务,各种信息技术资源必须加以整合,才能达到系统优化的效果。但是在实际操作中,由于网站服务平台和服务体系的更新周期较长,服务还是以被动的信息咨询反馈为主,缺乏主动的信息推送服务。总的来说,还是存在先进信息技术研发滞后、技术应用不全面、兼容不够等问题。在未来除注重终端信息技术的研发和使用外,一些网络平台和智能服务平台的新生技术也是应关注的方向。

(二)电子信息转化成为运用与服务的基本途径

当前信息技术下文档运用与服务,主要有两大类方式:一类是对档案室(馆)藏传统档案,以方便利用为目的,运用专用设备进行信息技术加工处理;另一类是对直接以数字化形式产生的电子图档进行数字化管理,包括电子图档和文件的接收与安全保管,以及科学合理利用。档案信息的利用包括信息检索、信息传递以及信息反馈等,而档案的编研活动实质是对档案信息进行改编重组的过程。虽然档案信息化中并不完全是信息理论与技术利用的内容,但是所有的标准化、网络化、数字化及其他工作都围绕着信息技术展开,信息技术应用成为实现档案信息化的基本途径。

在档案资源运用过程中,人们获取信息的需求呈现快餐式又精细化、多样化的

特点，信息服务的给予已转变为以网络服务、虚拟服务为主的电子高科技服务。当前信息社会中，档案信息服务更多的是基于互联网，利用现代信息技术向公众提供档案信息查询、咨询等服务方式。现代信息技术的发展，在影响人们信息获取方式和社会形态的同时，也改变着人们的生活和学习面貌。信息公开背景下的档案在线服务必须以用户为出发点，创新理念，更新现代信息技术手段，积极开展信息推送、站点链接、网页聚合等多功能服务。借助ICT的推动力，实现信息与通信环境下的档案信息公开、共享与利用，以期不断提升档案服务质量和管理水平。

第三节 大数据与档案数字化管理

随着电子信息技术的不断发展，数字化的存储信息模式在各种行业的资料管理中应用，也上升成了各行各业的管理模式。在房产档案的数字化管理中可以极大地帮助房产市场的信息进行整合，使企业更好地获取房产中的各种有效信息，另外还可以保证大数据管理下获取信息的质量，同时还可以减少房产档案劳动力，减少企业成本。本节将对此做出具体分析：

一、大数据时代档案数字化管理的重要性

在目前的社会中各种数据信息快速增长，每天所产生的数据远远超过人们的想象，若使用传统的档案管理信息方式对数据进行人工管理，会增加档案管理人员的工作压力，同时还会增加管理人员的工作难度，对档案管理的质量也不能保证。随着大数据的出现，其档案管理方式在传统模式中效果更加明显，尤其是在如今的信息时代中，大数据起着重要的作用。

（一）大数据时代档案管理是社会发展趋势

目前我国的经济发展迅速，社会也在向智慧型发展，在一定程度内也会加大档案管理的工作难度，因此有关部门在进行档案管理时，应注意和大数据的结合，提高档案管理的工作效率和工作质量。在档案管理中有大部分的档案是需要永久性的保存，数量也较多，这对于档案管理工作人员来说则是非常费力和耗时的。若使用大数据对此进行管理和分析，会在很大程度上提高管理工作的效率，因此在大数据时代应发掘其功能并加以利用。

（二）大数据技术是数字化档案管理的技术基础

如今随着互联网技术的发展和完善，电子档案管理的应用也在增多，那么在此基础上只有做好云储存和云服务才可以提高电子档案的现代化管理水平。在传统的档案管理工作中，往往会出现一些问题，例如在实际工作中档案管理人员会忽略档案的录入工作，这也就给管理档案的后期工作增加了一定的难度。那么数字化档案管理与传统的档案相比，电子档案的价值更为明显，其中电子档案中的信息利用更加灵活，因此，在如今的互联网时代中使用大数据管理档案工作十分必要，不仅有大量的信息储存空间，同时还可以将信息进行分类，这样一来更加方便使用者对档案信息的管理和使用。

（三）大数据技术是档案数据储存的服务需要

随着大数据的档案储存技术出现，电子档案的数量越来越多，为了不影响档案管理的质量和用户对档案管理的需求，就需要档案管理人员对信息进行备份，以减少因数据错乱导致的档案丢失。

二、大数据数字化档案管理中存在的问题

目前大数据的档案管理信息虽得到了普遍应用，但还未到成熟阶段，仍然存在着很多的问题，这就需要档案管理人员对问题有一定的认识，只有这样才可以进行改善，使大数据管理档案的发展更加快速。

（一）档案管理人员不够重视，信息化水平不高

在档案管理工作中虽配备专门档案管理人员，但大多数档案管理人员老龄化较为严重，对档案管理技术的操作并不熟练，同时由于档案管理人员缺乏系统的技术培训，在进行档案管理时只会基本的操作，因此并不能发挥大数据档案管理的作用。

（二）对档案管理的安全保障不到位

如今的档案管理市场还不够完善，同时网络中的交易并不具备一定的真实性，会对档案管理的安全造成威胁。如在以往的档案管理中，是由双方共同对档案安全信息进行保护，在一般情况下，只有使用者和管理者才可以查看档案信息，但若在过程中出现其他意外情况时，那么管理档案信息人员则可以取消操作，利用这种方式保证档案的拥有者的利益。这就要求档案的管理者加强大数据管理下档案的安全，避免不法分子对档案管理的非法获取。

三、大数据背景下数字化档案管理问题的解决策略

在如今的信息技术中数字化的档案管理是非常必要的，但因此出现的问题应积极地寻找解决方法，只有将出现的问题有效解决，才可以更好地进行大数据时代下的档案管理。

（一）利用网络平台，提高档案管理信息的安全性

进行档案管理时首先要确保其安全性，对其进行安全保护时可以充分地利用网络平台。可以和一些软件开发部门进行合作，开发出一些保护档案的管理软件，另外还要严格地加强内部管理，防止一些内部人员为了利益而泄露档案信息。

（二）制定大数据时代档案管理制度

在开展档案管理工作时也要对其制定不同的管理制度，同时档案管理部门还需要加强档案管理制度，对档案管理职责在法律的基础上进行划分；另外在档案管理数字化的同时还需要定期进行技术更新和检测，以保证档案管理信息的安全。

（三）提高档案管理人员的综合素质

互联网技术在不断发展，这就需要企业和有关部门提高档案管理的信息化技术水平，同时还需要提高档案管理人员的综合素质。管理者可以对档案管理人员进行定期的技术培训以及职业素养的培养，做好大数据时代档案管理人才的培养。

随着社会经济的不断发展，大数据档案管理信息应用极大地便利了各个行业，在方便管理的同时，也出现了很多问题，这就需要根据这些问题进行具体分析，同时制定出有效的解决方案，才可以使大数据背景下的档案管理得到更好的发展。

第四节　档案数字化管理体系的建构

信息技术和现代科技的快速发展，使得档案数字化管理成了档案发展的新趋势。随着档案数字化的发展，档案管理的效率在不断提高，但同时档案数字化的出现对档案管理提出了新的要求。本节在结合档案数字化管理的优势和现有问题基础上，对档案数字化管理体系进行研究，旨在提高数字化档案管理体系的构建水平。

档案是社会发展进程中一种重要的信息资源，在社会各个领域都扮演着非常重要的角色。随着信息技术、大数据和现代科技的快速发展，传统的档案管理模式已

经显得较为滞后。当前，档案数字化管理是档案工作的必然要求，是信息化发展的必然结果，是提高档案管理水平的有效方式。档案数字化管理已经成为档案发展的新趋势，因此必须充分使用数字化技术对档案进行数字化建设，促进档案信息的有效整合和开放，提高档案利用率，以便更好地服务社会、服务民众。

一、数字化档案管理

档案的数字化管理体系是一种集信息技术、高科技与档案管理于一体的现代技术。数字化档案管理是将传统的纸张、录音带、录像带为存储介质的各种原始档案资料，通过扫描、压缩、转化等方式转换成图片文件、声音文件和录像文件，对图片文件可以通过文字识别等技术达到相配于每张图片的科学手段，再运用高级存储管理技术将图片和索引字段储存于光盘库、磁带库等各种大容量的存储介质上；并可通过各种便捷的查询手段迅速地检索出所需要的档案资料，可以发布到局域网和国际互联网，最终实现"数字化档案"管理网络的新兴的档案管理技术。

二、档案数字化管理的优势

（一）优化档案归档管理程序

在信息技术时代，信息量高速增长，档案管理工作任务量日益繁重。由于数字化的档案管理体系能够确保信息收集、传递渠道的快捷畅通，因此能够及时地将这些档案归档保存，可以大幅提高档案归集整理效率。此外，通过数字化的档案管理体系，可以通过信息网络进行档案资料的及时传递，进而实现档案资料的远程归档管理。

（二）降低档案管理成本

传统的档案管理工作主要是由人工对纸质档案资料进行整理归档，这种粗放的档案管理模式，所耗费的档案管理办公费用是巨大的，随着信息量的增大只能通过增加办公人员来完成档案管理任务。通过档案数字化管理体系建设档案的载体形式转变为存储盘、光盘以及服务器，有效地节约了档案管理费用与占地空间，因而能够降低档案管理办公成本以及库房管理成本，提高档案管理经济效益。

（三）优化档案资料的检索查询

数字化的档案管理体系取代传统的人工纸质档案管理模式之后，档案资料的统计工作效率以及工作质量得到了大幅提高。同时,由于数字化的档案管理体系都配套建设了数据库以及共享网络平台,因此,有助于档案资料的在线传输、交流以及检索使用。此外,档案资料管理数字化可以提高检索的智能化档案资料的检索效率,检索范围得到了拓展,有助于提高档案资料的利用水平。

(四)有助于档案资料的及时更新

数字化的档案管理体系实施档案资料的归集整理效率大大提高,而且全过程都是采用计算机进行信息数据资料的处理,因此能够优化档案资料信息系统的工作程序,各种档案资料可以及时上传至数据库,可以大幅提高档案资料的时效性。

三、数字化档案管理体系建设存在的问题

(一)缺乏重视与专业知识

数字化管理是一种先进创新的管理模式,但在档案管理运用中仍然处于初级的阶段。目前在我国档案管理的过程中,绝大多数单位都没有给予应有的关注。同时,我国档案行业在构建数字化管理体系的过程中还存在着知识的缺乏,不能给予体系构建积极的指导、科学的指引;档案管理工作人员管理业务知识理论基础不足,对于计算机以及档案管理系统软件的应用能力较差,这些因素都制约了档案数字化管理体系建设的顺利开展。

(二)软、硬件体系建设水平落后

开展档案数字化管理体系的建设离不开硬件以及软件设施的支持。由于部分单位的档案管理经费投入不足,计算机配置数量不足、机房建设落后、网络设备缺乏,造成了档案数字化管理体系建设工作推进迟缓;在软件系统设施的建设上,对于档案数字化管理系统软件的选择把关不严,档案数字化管理系统软件功能不全,数据资料检索查阅困难,造成档案数字化管理体系整体建设水平较低。

(三)数字化档案管理系统软件与办公软件兼容性差

档案资料主要是在企事业单位或者是高校科研机构的业务、管理活动中形成的资料文件,但是由于办公管理系统与档案管理系统未能有效兼容,在信息资料数据格式以及信息传输渠道上还存在较多问题,例如电子档案资料无法直接由管理系统传递至档案管理系统进行归档保存,这不仅增加了中间不必要的处理环节,同时也阻碍了档案信息资料在两套系统之间的数据共享。

（四）网络安全性能较低

结合实际可以看出，目前我国档案管理工作在推进数字化的过程中存在着安全无法得到保障的情况，制约了档案管理的整体水平提升。这是因为，在互联网发展的过程中，其安全性能本身就是一个值得关注的问题。

四、档案数字化管理体系建设策略

（一）提高重视程度，促进专业知识的传播

在推进档案数字化管理体系构建的过程中，应给予积极的重视与关注，通过定期化、常态化的推进方式，将体系构建过程中的经验进行总结分析，查找数字化体系中的缺陷并且加以弥补。另外，在思想上给予重视的同时还应该注重专业知识的培训，让档案管理过程中每一个岗位与部门的工作人员能够学习、接受数字化专业知识，为数字化管理体系的构建打下坚实的基础。

（二）数字化权属档案

数字化权属档案要建立在高效目录管理体系的基础上，在建立高效目录管理体系中，需要将分类编目、归档、划分密级工作做好。除此之外，还要生成具体的档案目录表，在档案目录表中，可以快速地搜索档案，从而确保数字化权属档案的顺利开展。系统权限是档案保密的关键环节，通过将电子目录作为检索查阅的唯一通道，以便结合系统的服务对象，生成不同类别的报表，便于档案管理工作人员正确做出决策判断。同时，要确定建档范围的文件材料，再次开通档案管理的局域网和互联网，实现档案管理的数字化，以打破以往信息公布利用时间和空间的限制，提高档案的共享程度。

（三）数字化管理系统的建立

首先是数据库的开发，数据库是任何数字化管理系统最为复杂的组成部分，尤其是档案的数据存储系统，要求选择 SAN 存储系统。这种系统基于 Fiber，并具有全冗余/容错结构，以 2Gbps/300MB/s 的 FC 接口为通道，可为系统提供可靠的高性能。为提高电子档案的安全级别，除了将档案信息存储在 SAN 系统中之外，还要定时进行全备份/增量备份/光盘备份，而存储和备份都可以自动操作。如果档案信息发生变化，档案的增量变化可以通过动态的档案管理系统，在档案出现动态变化之后，能够直接在线跟踪权属的变化和更新。

其次是档案信息的录入，在纸质档案信息的基础上，将档案的资料录入系统内，档案资料录入工作人员应该检查每一卷的权属档案内容是否真实完整，确保录入的准确性。

再次是档案资料扫描过程中，扫描工作人员要按照档案中的资料排放顺序，逐页扫描，并确保整个扫描工作无误。

最后是录入和扫描档案的复查，档案资料录入和扫描后，直接进入资料的检查程序，检查工作人员分组进行。第一组负责录入资料的检查，第二组负责扫描资料的检查，第三组负责录入资料和扫描资料的复查，检查复查无误后，进行资料汇总。在检查和汇总的过程中，要注意档案每一项信息的完整性。

（四）加强网络管理，保证档案管理有序开展

网络安全问题影响档案数字化管理体系构建的整体效果。因此，只有提高网络环境的安全性、可靠性，才能促进档案管理工作的有序开展。档案管理部门应该增强自身的防范意识，提高网络安全管理的整体水平。在实际管理与防范的过程中，档案管理部门不仅要注重硬件设施设备的优化，还应积极引入各种杀毒软件、防火墙技术，加大在安全防范工作上的资金投入与精力投入。对于一些对安全性要求较高的信息资源，可以采用加密处理的方式，避免数据信息出现丢失与缺损的现象。

目前，数字化档案管理体系已经成为档案管理工作的基本应用形式，数字化管理体系的构建能够提高档案资源的利用效率，对于档案管理水平的提高具有重要意义，档案管理部门应该充分认识到数字化管理体系建设的必要性，增强档案数字化管理意识，明确档案数字化管理体系建设的要点，进而优化档案管理流程，确保档案信息的安全，进一步推动档案管理工作水平的不断提高。

参考文献

[1] 林越陵. 档案学理论基础 [M]. 呼和浩特：内蒙古人民出版社，2001.

[2] 杨丽. 基层党建档案管理工作中的问题与解决措施研究 [J]. 北方文学旬刊，2017，23（5）.

[3] 蔡丽秋. 基层党校图书资料管理工作中存在的问题及优化措施 [J]. 赤子，2016，15（11）.

[4] 刘轩. 浅谈信息时代提升基层党校图书资料管理水平的路径 [J]. 山海经（故事），2017，35（5）.

[5] 崔爱君. 水利工程档案管理的问题和对策探讨 [J]. 黄河水利职业技术学院学报，2011，23（1）.

[6] 丁翠云. 水利工程档案管理的问题和对策探讨 [J]. 科技致富向导，2011，23（12）.

[7] 张霞. 档案管理理念实现档案管理信息化 [J]. 科技资讯，2016，14（14）.

[8] 夏枫. 新形势下事业单位档案管理创新与服务模式的改革研究 [J]. 企业改革与管理，2017，12（18）.

[9] 王玲玲. 新形势下事业单位档案管理创新与服务模式的改革研究 [J]. 办公室业务，2017，23（12）.

[10] 杨虹. 对事业单位档案管理的创新思路的探讨 [J]. 科技资讯，2017，23（34）.

[11] 王璠. 关于新时期事业单位档案管理创新思路的思考 [J]. 改革与开放，2016，56（10）.

[12] 孙长美. 浅谈事业单位档案管理的现状及对策 [J]. 中国市场，2015，5（4）.

[13] 崔娜. 新时期人事档案管理信息化建设研究 [J]. 价值工程，2011，30（24）.

[14] 张惠琴，陈春红. 新时期下如何做好医院人事档案管理工作 [J]. 当代医学，2012，18（16）.

[15] 李永萍. 试论新时期人事档案管理 [J]. 山西科技，2011，26（1）.

[16] 罗凤云. 事业单位档案管理工作的优化路径 [J]. 信息记录材料，2017，18（9）.

[17] 郑立彬. 事业单位档案管理工作优化途径分析 [J]. 科技传播，2016，8（16）.

[18] 付慧杰. 公路路政档案规范化管理研究 [D]. 西安：长安大学，2012.

[19] 冯惠玲，张辑哲. 档案学概论 [M]. 北京：中国人民大学出版社，2005.

[20] 薛梅. 企业档案服务浅谈 [M]. 北京：中国档案出版社，2006.

[21] 陈昌曙. 技术哲学引论 [M]. 北京：科学出版社，2012.

[22] 车品觉. 决战大数据 [M]. 杭州：浙江人民出版社，2016.

[23] 崔小屹，韩青. 用数据说话：大数据时代的管理实践 [M]. 北京：北京大学出版社，2013.